U0004497

致富方舟

개미 5년,
세후 55억

股市狙擊手
的自白

從窮忙醫師到億萬散戶的**暴賺暴賠實錄**
養成強韌贏家心態，創造你的交易聖杯

SWING-TRADING SNIPER
IN THE CLINIC ROOM

성현우 **成弦祐** ———— 著

蔡佩君 ———— 譯

 方舟文化

推薦語

作者將自己的操作實戰經歷分享給大家,從如何了解自己到找出自己的投資策略,將人生的轉變融入其中,找出屬於自己的投資旅程,我想每個人都有屬於自己的投資旅程,或許過程不像作者那麼的精采,但作者的學習態度與方法是值得大家去學習的,誠心推薦給大家~

「股市駱哥」版主　**駱哥**

「不要怪任何人,敵人就在自己心裡」是書中標題,也是我認為貫串全書的精華所在。如何當個好的股市狙擊手?絕大多數時間都在等待,等待好的行情到來!你需要健全的「心

理素質」，讓你靜心等待，鎖定良機，應對無止盡的低潮。作者的致富關鍵，在於他讓人生與投資的步調保持一致，用最舒服的心理狀態做交易，才能做得好、做得久！

「鮪爸的交易心理輔導室」版主、交易心理教練　**李哲緯**（**鮪爸**）

想擺脫上班窮忙的人必讀的一本書！

台灣智商最高的醫生　**馬克羊**

以自己的信念真心誠意做投資，把學習當作是投資的後盾，自己創造出財富後，還想要把善意的影響力帶給所有的人，作者坦率的告白令我又驚又喜。我認為這本書將會成為很多人的借鑑，特別是對年輕投資人而言，這則投資故事將成為理想中的

榜樣，誠摯推薦各位一讀本書。

《讓你一輩子成為有錢人的股票投資》（평생 부자로 사는 주식투자，暫譯）作者、韓國超級散戶　**南錫寬**

$

雖然作者果決到可以在單一支股票上投入 30 億韓元，但是他的投資並不莽撞。雖然狠辣，但他的話語之間蘊含著溫暖；雖然迫切，但他的行為中帶著從容。如果我們不把重點放在他只花 5 年就賺了 55 億，而是把重點放在作者的投資歷程上，我認為，我們的投資成果也是指日可待。

YouTube 百萬訂閱頻道「金作家 TV」（김작가 TV）經營者、作家　**金度潤**

散戶的 5 年投資紀錄

從 2 億元的租賃貸款一路走到持有江南 34 坪大樓

「勞動收益跟不上資本收益！」

好像是 2017 年初吧，這句話一直在我腦海中揮之不去。39 歲了，回顧自己忙碌的一生中究竟擁有了什麼。雖然已經結婚，但沒有足夠的資本，所以用 2 億韓元租賃貸款，在安養（首爾南方的衛星城市）租了一間屋齡 20 年的大樓（位在 25 樓頂樓的 18 坪全租房＊），並在醫院工作 1 年後，為了自己開診所，又透支貸款 1 億，共負債 3 億韓元（約 780 萬新臺幣）。當年 28 歲自三星電子離職，就讀醫學院碩士 4 年、實習 1 年、擔任住院醫師 4 年，花去 9 年時間取得的這張小兒科醫師

＊ 編註：韓國獨特的房屋租賃方式，租客僅需繳納約等同於房屋價值一定比例（通常七至八成）的押金，居住其間除水電費外，不另付房租；租約到期後，房東需將押金全數退還房客，相當於租約期間，房東以零利息的方式向房客貸得大筆現金，以利其投資運用。

證照，就是我全身的家當。別說資產了，我簡直負債累累，連我都不由自主為之嘆氣。我有位可愛的太太，有個望穿眼都看不膩的女兒，加上太太正懷著第二胎，在這種情況下，身為一家之主的我，肩上負擔非常沉重。

擔任住院醫師時，我還以為只要拿到醫師執照就可以走上康莊大道。但拿到執照後，在任職 1 年與獨立開院 6 個月的這段期間，我感受到的是人生好難的挫折與空虛。把時間往前回溯，21 歲時，我深信從康乃爾大學畢業就能保障成功就業；以空軍翻譯官的身分服完兵役，進入三星電子工作時，我也以為我的人生前途無量。雖然我總是努力奔跑著，但抵達目的地後，眼前的現實與夢想中的理想卻完全不同。茫然之中，我因為喜歡小孩，選擇成為小兒青少年科住院醫師，過程雖然很辛苦，但我當時想著，只要考到醫師執照，擁有醫生頭銜，就可以不愁吃穿。我通常將經濟學定義為「一門研究經濟主體之效率的學問」，然而大學主修經濟學的我，卻繞了條遠路，過著最沒有效率的生活。

韓國健保的可給付診療是申請國家制定好的報酬，所以治療一位患者所能賺取的金流非常明確。然而這數十年來診療費原地踏步，物價、租金、人事費卻急劇上漲，跟我落入一樣處境的小兒青少年科醫

師們只能為了生計，咬著牙治療更多患者。然而，專攻健保不給付診療的醫師越來越富裕，為了懸壺濟世、選擇專攻可給付科別的醫師，相較之下卻越來越貧窮。從早上 9 點到晚上 9 點，拉長工作時間，每天花 12 小時認真看診，許多醫師只得忍受著自己的身體崩壞，過著辛苦的生活，這就是現實。為了養家餬口，365 天都在看診，照顧患者，自己卻過度勞累，打壞了身體，甚至還有很多醫師同事因而罹癌。說句玩笑話就是「家裡出老師只有父母開心，家裡出醫師只有老婆開心」。

對於這些抱怨，也許有人會說：「身為醫師，說這什麼話！」但我身為可給付科別的自開業醫師，我所經歷到的生活與所謂的華麗人生相差甚遠。我們不過也就是「不遑寧息」（Time poor）的自營業者。雪上加霜的是，韓國的出生率在 OECD 國家中排名墊底，小兒青少年科醫師自然就更淒慘了。過去雖然診療費不高，但還可透過病患數量薄利多銷，現在連薄利多銷都變得困難。我透過診療賺到的錢似乎只會減少，不會再增加了。加上近兩年來因新冠肺炎影響，小兒青少年科醫院受到直接衝擊，營業額降低約 70%，越來越多醫院連營運費用都賺不到，應聲倒閉，我的煩惱也日益加深。員工和院長收入平等，這種連馬克思或列寧都無法完成的烏托邦，在我經營小兒科診所的同時正實現著。

我以為當上醫師就不需要煩惱生計，現實卻無法滿足理想，我甚

至還羨慕起在平凡的公司上班、每月按時領薪的上班族。有時候也會想，「如果我不是醫界裡屬小型業者的小兒青少年科醫師，而是健保不給付科別的醫師，我還會如此認真投資股票嗎？」看來，我會投資股票也許是一種命中註定吧？

「要從勞動者搖身成為資產家！」

在這間一到梅雨季地板下方就會潮濕發霉、冬天過薄的窗框上露水還會結冰形成一座冰錐瀑布的老舊 25 層頂樓公寓裡，我努力敲著計算機，算著我 1 年的勞動收益可以存下多少，用這筆錢還完債後再重新存錢，要花幾年時間才可以為我們家在首爾買下一戶韓國國民平均住宅坪數約 30 坪左右的電梯大樓？算了幾天幾夜就是沒有答案。房價持續上漲，別說存投資基金了，我連債務都還沒還完。還債的同時，房價又隨時間流逝，漲得更高……我得到的答案是──「我這輩子都不可能買到自己的房子了！」此時我的心頭突然湧出「不能再這樣下去了，我要做點什麼！」的想法。

經營醫院的同時，我沒時間拓展其他事業。照我的個性，喜歡就是喜歡、討厭就是討厭，所以也沒自信能把其他事業做好。那房地產呢？我常常要待在診間，就算有時間悠悠哉哉地去參觀房地產，資金

也遠遠不足。某天，我想起在康乃爾大學讀經濟系二年級時，在為期 6 個月左右的會計課上操作過一次股票。雖然當時的學費一半是由父親公司所提供的獎學金支付，但我總還是個錢不夠用的留學生。正好這時，我想買一支中古高爾夫球桿，不好意思向父母伸手，就去學校附近的韓國餐廳打工，把時薪和小費存下來，賺了 400 美元，我用這筆錢進行短期投資，讓它在 2 個月內增加到 600 美元。我想起了自己用這筆錢買下麥格雷戈中古高爾夫球桿的記憶！

大學畢業後我不曾開過證券帳戶，也沒有像其他人一樣認真研究理財，但既已下定決心，我便前去開戶。匯入 1,000 萬韓元（時約 26 萬新臺幣）的本金後，急忙去了趟書店，拿起兩本最吸睛的股票投資書，回家後便開始閱讀。我當時沒想要成為大富豪，也沒想過要成為股票投資高手，滿腦子只想著，「如果在勞動所得上加上股票投資的收益，明天會過得比今天更好嗎？」「我能在沒有父母的幫助之下，稍微快點達成全國一家之主們的願望，在首爾買一套房嗎？」

除了股票別無他法，我用這份迫切的心情開始投資至今已 5 年。在這段期間裡新冠肺炎席捲全球，自營業醫師更加難以苦撐，虧損導致越來越多醫院擔心著自己的存亡。我以「擺脫勞動者，成為資產家」的決心踏入股市，這中間當然也有我不想回憶起的失敗，但每次我都還是像不倒翁一樣重新站了起來。就在 5 年前，我是一名租賃貸款加上透支貸款共負債 3 億韓元，且信用評等還是最低等的債務人；但

2021 年夏末，我從這身分搖身一變，在沒有貸款的狀態下，坐擁一戶座落首爾江南，有著韓國國民平均住宅坪數大小的電梯大樓。現在我所開拓的資產，已經讓我不需要再為病患的數量或看診的收益悲喜交加。回過頭看，不可否認這一切都是莫大的幸運。

我擔心很多人會誤會，事實上這 5 年來，我也是每週 6 天都從事著醫師這份本業。我知道很多人會好奇，在經營診所的同時，我是如何透過股票投資大舉獲利的，詳細內幕我會在本書公開。我的投資方法，是在每天都必須看診的情況下，經歷多次試錯才得以完成，我想這些故事，應該可以為上班族投資人們帶來幫助。在說長不長、說短不短的 5 年內，我從一個信用不良的債務人，搖身一變成為首爾江南一戶 34 坪電梯大樓的屋主，我至今仍感到很不真實。做夢也沒想到，我想買房的夢想竟可在 5 年內實現，像我這樣負債累累的人，如果在 5 年前說著「我要在 5 年內買下一戶首爾江南 30 坪的電梯大樓！」應該很容易被人說我瘋了吧。在沒有貸款的情況下，買下一戶超過數十億韓元的江南電梯大樓，幾乎是不可能的事吧。

但我認為不可能的事，卻發生在我的身上。為增加股票投資的本金，這 5 年來在各月租房搬來搬去的過程仍記憶猶新，妻子帶著兩個孩子找月租房，我還在遠處聽到仲介嘲諷著說，「都已經有兩個孩子的女人，還這樣帶著孩子四處找房」，只有經歷過的人才知道沒有家

的悲傷。聽到這句嘲諷的同時，我懷著懇切的心，痛定思痛告訴自己，一定要買一間自己的房子。

　　最後我透過股票投資大舉獲利，在沒有貸款的情況下，買了一套完全屬於自己的房子！匯出訂金的那天，在返回月租房的路上，苦日子的記憶和開心的情緒同時爆發，我在車裡流下這段時間以來壓抑的淚水。這時候，我突然想起，我這5年來經歷的投資成敗和不少經驗，可能會對與我有相同處境的人帶來幫助，於是提筆寫了初版樣稿，拜訪了出版社。

　　我們投資股票時都懷有不同的夢想，有些人想透過股票賺錢補貼兒女學費，有些人想透過股票賺錢買臺新車，又有些人想透過股票大賺一筆買一套自己的房子，就像5年前的我一樣。雖然每個人的夢想都不一樣，但共同點在於，投資股票的人都希望邁向比現在更美好的未來。我們都生活在為了讓明天比今天更好、讓未來比現在更棒，而必須投資股票或加以理財的世代。我撰寫本書是希望過去5年來的股票投資經驗、技巧與紀錄，可以成為其中一種方法論，稍微緩解想藉股票投資完成未來夢想的一家之主們雙肩上的壓力。

2021 年冬

波段交易人　**成弦祐**

CONTENTS

第 1 章
了解你自己

第 2 章
股票與人生，都是時機之爭

第 3 章
鎖定飆漲波段，狙擊手交易法

第 4 章
老是抱不住？堅定持有的技術

第 5 章
何時該出場？及時賣出的技術

第 6 章
成就勝負的自我管理

第 1 章

了解你自己

建立一個屬於自己的交易方法並應用在實戰投資上

本業是醫生的我，花了很長時間思考自己的投資風格，我找到了符合 3 大條件（投資期限、選股、數量）的交易方法，並將其應用在實戰投資之上。

· 適合我的時間框架→適合中長期投資
· 適合我的選股→適合市場主導股、焦點股、反轉股等
· 適合我的數量、股票與指數→適合集中投資在單一股票上

綜合以上 3 大條件，我得出了結論。就像劉五性在電影《火上加油》所說，我決定拿出「一次只挑 1 個對象下手的魄力」。實際投資之後，只選定一支股票，花 1 至 6 個月時間進行中期波段交易方式最適合我，績效也最好。

錢會聚集在
眾人關注之處

「我想要試試看股票投資，要看什麼書比較好？」

「要怎麼做才能學會投資股票？」

　　這是我周遭最常聽到的問題。剛開始投資股票時，我也很渴望得到股票性質或相關的情報，但身邊沒有可以幫助自己的人，我身邊投資股票破產的人很多，卻沒有半個透過股票賺到錢的。

　　我從小就喜歡閱讀，如今還是會定期閱讀投資相關書籍，以及人文學、經濟經營等作品。我會去書店翻翻暢銷書，也會看看大眾感興趣的書。好像是小學五年級的時候吧，我家門口可以搭乘 66 號巴士，

經過充滿著刺鼻催淚彈味道的延世大學 *，在光化門的教保文庫下車。我很喜歡在書店花一兩個小時閱讀各種書籍，之後我總會帶上一本自己喜歡的書，懷著激動的心情返家。

這世上充滿數以萬計不同領域的書，但再好的書，若乏人問津、無人閱讀，也是百無一用之物。股票也是相同的道理，再好的股票如果沒有買家、不被市場認可，也是無用。當然，書說來還是有收藏的價值，但我們投資股票是為了賺錢，而不是為了收藏吧。其實，這世界萬物都跟股票有著密切關係。人們會喜歡哪一種書，會不會為了買這本書掏腰包，原動力就來自於「關注」。我常常到家附近的江南教保文庫觀看暢銷排行榜，注意觀察大眾會對哪樣的書感興趣。

在資本主義社會裡，關注就等同於金流。我認為，人們會把對關注之處的渴望，透過閱讀流露而出。如果想知道引領著當下這時代的潮流，除了入口網站的新聞和日刊以外，觀察暢銷排行也很有幫助。倘若理財書受到歡迎，那關鍵字就是金錢；如果掀起一股人文學熱潮，那我們為什麼而生活就會成為社會話題；如果政治書暢銷，就代表大選、議員總選即將來到。身為股票投資人，必須密切關注大眾的焦點朝向何處，因為大眾的關注就等同於金流。

本書會一步一步告訴大家，如何將這份關注變現，而故事的開始，我想先簡單介紹幾本對股票投資有幫助的書。

---

* 編註：南韓於 1980 ～ 90 年代，多有學生運動遭當局鎮壓，延世大學更曾有學生因此被催淚彈擊中頭部而亡。

閱讀，
讓你功力大進

　　每個人都有自己的喜好。華倫・巴菲特（Warren Buffett）被稱為是當代投資鬼才與賢者，但我並沒有入手他的書，我連要讀下去都感到有些吃力。我反而選擇了許久以前出版且乏人問津，由 1930 年代華爾街傳奇傑西・李佛摩（Jesse Livermore）所撰寫的《傑西・李佛摩股市操盤術》（*How to trade in Stocks*）與《股票作手回憶錄》（*Reminiscences of a Stock Operator*），還有喬治・查爾斯・塞爾登（George Charles Selden）的《股市心理學》（*The Psychology of the Stock Market*，暫譯）、菲利普・費雪（Philip Fisher）的《非常潛力股》（*Common Stocks and Uncommon Profits*）。此外，我還津津有味地讀完了介紹日本投資鬼才故事的《是川銀藏：日本股票投資之神》（波乱を生きる　相場に賭けた六十年，是川銀藏自傳）與韓國書籍《股票投資人的視角》（주식투자자의 시선，暫譯）。

回想起來，我下定決心要投資股票後，好像就一直試著大量閱讀大眾熟知的股票投資、理財經典著作。開始投資之後的前 3 年，我只要有空就讀，每年讀 30 本以上，幾乎讀了高達 100 本的股票書。而且我經常去看書店的股票類書籍區，看看有沒有值得閱讀的新作。但就像俗話所說，「再多珠子也要串起來才有意義」，書必須讀進心裡，而且為實戰交易帶來幫助，讀多少書跟會不會投資股票是兩碼子事。儘管如此，閱讀股票書還是會在冥冥之中對我們的投資決策和思考，產生巨大影響。所以即便到現在，我也抱持著在股票這片農場上撒上好肥料的心態，持續購買並閱讀股票書籍。

　　在這些大眾口中的股市理財經典著作和暢銷書籍之中，有一本書讓我深受感動，並在我找到目前的交易風格這件事上帶來諸多影響，也就是安德烈・科斯托蘭尼（André Kostolany）的《一個投機者的告白》（*Die Kunst über Geld nachzudenken*）。至今每當我遇到困難、交易不順遂時，我就會從書架上拿出這本投資經典，重新閱讀。身為實戰交易者的安德烈爺爺，數十年來穿梭在歐洲與美國市場，他的投資哲學與洞見讓許多人為之欽佩。書中最有名的部分，就是「科斯托蘭尼雞蛋理論」（請參考下頁圖 1）。

　　我隨時隨地都會回頭審視，看看自己究竟是傻瓜還是興奮的群眾。股票投資是件很孤單的事，特別是買到下跌的股票時，總會感覺自己是這世界上最孤獨的人。最近有很多分享股票投資情報的社團和討論區，很多人會在上面分享資訊，一起投資。這麼做雖然可以避免孤獨的交易，但我認為股票投資一途，寧靜更勝吵雜。買賣股票時，如果被情緒左右就很容易失敗，越是暴露在群眾之下，就越容易被他們的

〈圖1〉安德烈·科斯托蘭尼的雞蛋理論

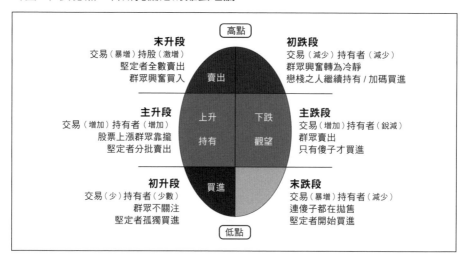

思考方式和情緒所影響。

　　讓我說個小插曲。我剛開始投資的時候，稍微懂點股票就自我感覺非常良好。我還曾在類似股票投資社團留言版的地方，上傳了一兩支股票的分析文章，享受著高手的身分，玩著扮演隊長的遊戲。還曾在 Naver 的股票留言板上，為了不讓散戶蒙受虧損，跟主力的工讀生（？）爭論不休，鬧得沸沸揚揚。但後來我意識到，這種行為對股票投資而言一點幫助也沒有，就再也不寫文章上傳了（不過偶爾還是會好奇，上去看看這些企圖讓散戶吃苦頭的主力工讀生們，究竟是如何蠱惑世人的）。

　　稍微賺點錢就稱你為「先生」、「老師」，但若稍微賠點錢，就立刻用動物的崽子來稱呼你，這裡就是這樣的地方。我涉世未深時，只要準確預測股票或市場的走勢，就會自以為高手，有些自命不凡。

但不知從什麼時候開始，我不再輕易提及市場的走向。老實說，是我也不太清楚市場的走向。在股票市場裡，我所能得知的並不是趨勢走向，而是我自己心裡的想法，所以現在我不輕易談論股票或市場的走向了。

科斯托蘭尼雞蛋理論的核心概念如下：

「世界萬物皆有週期，在股票市場裡，唯有在沒人關注的時候能鼓起勇氣買進，並且在他人興奮之際具有賣出股票的自制力，只有這樣的人才能生存下來。」

據說投身股票市場的散戶中，有 95％ 的人帳戶是負的，賺錢的人僅有 5％。過去某場投資大會上，1,500 名參賽者中，什麼都不做的人竟然排在第五十名，還因而掀起了話題。這世上所有投資的基本原理，就是買低賣高。究竟什麼時候是低？充滿害怕與恐懼的時候。那什麼時候又是高？市場充滿著貪婪的時候。也許成功的投資人，就是可以面對恐懼並懂得告別貪婪的人，但這違背了人類的本性，因此只有極少數的人能夠成為成功的投資者。

還有另一本書——本間宗久的《相場道：小說・本間宗久》（作者西野武彥），也對我的股票投資之路帶來極大的影響。身為蠟燭圖（K 線圖）創始人的本間宗久，他對生活與行情的探究精神及洞見，為我的投資帶來不小的影響。

300 年前的 18 世紀，他洞悉出股票會如何從底部開始波動（「三

〈圖 2〉本田宗久的三山

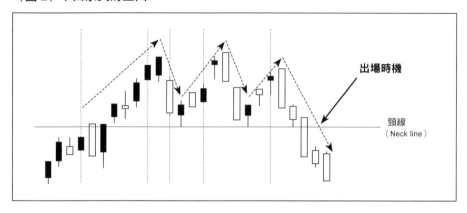

出場時機

頸線
（Neck line）

〈圖 3〉本田宗久的三川

進場時機

頸線
（Neck line）

川」的概念），以及股票在高點上會如何波動（「三山」的概念）。*

---

* 本間宗久的酒田戰法：本間宗久（1717 ～ 1803 年）是在日本江戶時代時期，以神出鬼沒
　的交易動搖日本經濟的鉅商，至今仍被譽為交易之神。透過交易大米致富的他，將人類的心
　理狀態與市場能量用蠟燭圖呈現。他所發明的戰法中，包含了對心理狀態和投資時機的根本
　理解。酒田戰法是由三山、三川、三空、三兵、三法集結而成，其中三山、三川、三空，與
　型態分析中可信度最高的頭肩型態（Head & Shoulder）及跳空型態（Gap）的形狀相同，
　可信度很高。請參考《相場道：小説・本間宗久》（IreMedia 出版）第 69 頁。

本間逐一將大米的行情畫在紙上並從中覺察，真是令人肅然起敬。300 年前他所提出的「三川」與「三山」的概念，至今仍然可以應用在市場上，雖然技術越來越發達，世界也已有所變化，但是創造行情的人們，心理狀態從古至今都沒有改變。當年交易大米期貨的他們，也會和當今 21 世紀的散戶們犯下一樣的錯誤。變化的只不過是交易型態，但本質並沒有改變。以下是投資失利的本間宗久去到寺廟，和一位清閒無事的僧人之間的談話。

「你躺在這裡幹什麼？」
「沒什麼事可做，就躺著吧。」
「過來吧，你能看到那面旗幟嗎？」
僧人用手指著牆外飄揚的旗幟。
「能。」
「你覺得那面旗幟為什麼會飄動？」
「當然是因為風吹所以飄動。」
「除了風吹，還有其他答案嗎。」
「那麼……是因為這世界的氣在流動吧？」
僧人出神地看著本間宗久的臉說道：
「那面旗幟之所以飄動，是因為你的心搖擺不定。」

僧人的一番話猶如當頭棒喝，本間宗久大受衝擊，並從中得到領悟。在這之後，本間宗久再也沒有失利，致富後的他還得到了「交易之神」的美譽。

與本間宗久相遇後，比起觀察價格或動盪的行情，我更致力於讀懂自己的心理狀態和造市者們的心理。我大概花了 3 年左右的時間，才體悟「那面旗幟會飄動，是因為你的心搖擺不定」這句話。我偶爾會想「如果我能早點遇見本間宗久，會有什麼不同嗎？」但是不管再好的老師，如果學生的程度跟不上，那也是百無一用。人生好像在我需要的時候，給我安排了適當程度的指導。與本間宗久相遇後，我的交易方式變得非常不同。

　　在正式談論股票投資之前，我先介紹了幾本書籍。現在很多人似乎主要是從 YouTube 頻道或股票節目上獲取股票投資相關的資訊，而且很熱衷於跟隨偶爾會成功預測市場走向的一票講師。從成為目前主要趨勢的 YouTube 頻道和股票節目獲取資訊也很好，但如果真心想要投資股票，我認為最好至少要精讀過 30 本以上被稱為股票經典著作的名著，這是我淺短的經驗所告訴我的。

Swing Trader's Tips

　　能被稱為投資經典著作的書，都一定有它的原因。順其自然閱讀，然後進行交易，就會自然而然形成自己的風格，但這並非意指讀完書才能夠做投資。初學者在初期投入大量資金是一大禁忌，建議各位拿 1 到 3 個月左右的薪水作為本金嘗試投資。先開設一個證券帳戶，不管是哪一支股票都先試著交易。親自交易過，才能夠理解書裡所寫的內容是什麼意思。嘗試交易、

閱讀書籍，如果這當中有什麼好奇的部分，可以逐一閱讀相關的書，同時開始投資。

我在 2017 年初夏，利用幾本在書店買來的股票書，以及這段時間積累起來的 1,000 萬韓元本金，嘗試投資股票。當時我買了賽特瑞恩與幾支績優股，沒嘗到什麼甜頭。不過我花了 1 年以上的時間專心閱讀，此外，2017 年秋天，從 1,000 萬起步的帳戶中出現 6% 左右的負成長，我開始思考「如果是這樣的話，就算投入更多錢，虧損也不會多到哪去吧」，因此增加了本金，正式開始了我的股票投資。

找到適合自己的
投資風格

　　大概是小學三年級的時候吧，某天我父親突然說：「男人若想成大器，就至少要會打高爾夫！」於是拉著我到被俗稱為「雞舍」的高爾夫球場上課。我們不是富有的家庭，當時連一臺車都沒有，更何況父親根本就不會打高爾夫。至於父親為什麼會這麼想，我至今回想起來都還是覺得很神奇。當時整個首爾有學高爾夫球的小學生，可能都湊不到一卡車吧。

　　我拿著父親按照女用高爾夫球桿訂做的 7 號鐵桿，從鉢山洞搭整整 1 小時的車（要換乘 2 臺公車！）到登村洞的綜合高爾夫球練習場，每次練習一兩個小時，總共練了 3 個月吧。然而某天，父親突然帶著非常嚴肅的表情問我：「你想讀書還是想打高爾夫？」我回答說「想讀書」。我之所以這麼說，是因為我從小就非常清楚，相較於其他搭著高級轎車到練習場的孩子，我們家的家境負擔不起高額的課程費用

與昂貴的高爾夫用品。所以我告訴父親我要讀書，從此也就放棄了練習高爾夫這條路。不過多虧了父親，我的高爾夫球初體驗來得比別人更早。

我到現在還是會利用每個月的假日去打一兩次高爾夫球，偶爾看到電視上職業選手的巡迴賽，也能看出每位選手都有自己獨特的風格。達斯汀·約翰遜（Dustin Johnson）、布萊森·德尚布（Bryson DeChambeau）、羅伊·麥克羅伊（Rory McIlroy）這類選手主攻長打；森川柯林（Collin Morikawa）、松山英樹這類選手則是以準確的鐵桿進攻取勝。沒有所謂的對與錯，這兩種方式都是正解。股票投資也是一樣，雖然偶爾還是會出現堅持「我的方法才正確」的投資者，但股票投資並沒有所謂的王道，即使是天下第一的巴菲特，若他的交易方式跟我的交易風格不吻合，那對我來說也就毫無用處。股票市場裡沒有所謂的我對你錯，很有可能是你對我也對，或者你錯我也錯，所以市場總是要我們保持謙遜。

有些人全職投資股票，有些人用閒錢投資，偶爾才打開帳戶看看，就這樣放任不管。這個市場最有趣的地方在於，全職投資者並非絕對有利，就連基金經理人也是一樣。他們即使沒有合適的股票，也必須硬著頭皮繼續交易，但身為散戶的我們，只需要在想買的時候買進，想賣的時候賣出，從這點看來，散戶也許比機構法人更具優勢。我在初學者時期也嘗試過各種方式，試著架構出投資組合，也經歷過當沖短打、專做開盤或尾盤等方法，但結果並不盡如人意，我就這樣試錯超過 1 年。對於有本業工作的我而言，最適合我生活方式的交易方法是波段投資。一開始我採用短期波段，策略是僅投資幾天左右，但同

時還要顧著看診，壓力很大。因此短則 1 個月、長則不超過 6 個月的中期投資，且集中選定 1 支股票的波段交易方式，對我的心理比較沒有負擔，結果也比較好，所以我把自己的筆名取作「波段交易人」。我的本業是醫生，每天要花將近 10 小時在診間看診。看診的醫生若還要專注在當沖上，這在股票投資裡形同自殺，在病患和股票之間也必然顧此失彼。

上班族也是同理。大部分上班族的時間並不自由，沒有辦法持續盯盤，若採用分散投資或中長期投資，應該會更加安心。在市場動盪的情況下進行短打，早上進去開個會，又被主管打斷交易，開完會出來證券帳戶勢必被打得落花流水。我相信只要是上班族，都應該經歷過偷偷摸摸地坐在馬桶上，打開手機上的投資軟體，看著由紅轉綠的手中持股，深深嘆口氣的經驗。

想要股票投資順遂就必須心平氣和，如此內心才有餘裕。此外，股票投資的方法也要符合自己的生活方式。需要為病患看診的我之所以不選擇短打投資，就是因為短打會妨礙我看診。追著時時刻刻都在改變的行情跑，不但會讓我錯失病患，股票投資也會失利，想兩者兼顧，卻往往顧此失彼。同樣的，假如各位是上班族，雖然無法完全不做短打，但還是要漸漸創造出適合自己生活方式的交易法。不然有可能因為工作上的疏忽失去工作，股票投資也因而失利。

短打交易有利於在最短的時間內週轉小額資金，以提升報酬率，但我投資的目的是累積本金買一套自己的房子，快速週轉資金的交易方式跟我的目的並不相符。我花了很長時間思考，什麼投資風格比較適合本業是醫生的我，而我找到了符合 3 大條件的交易方法。

- 適合我的時間框架 → 中長期投資
- 適合我的選股 → 市場主導股、焦點股、反轉股等
- 適合我的數量、股票與指數 → 集中投資在單一股票上

綜合以上 3 大條件，我得出了結論。就像劉五性在電影《火上加油》所說的，我決定拿出「一次只挑 1 個對象下手的魄力」。實際投資之後，只選定 1 支股票，花 1 個月至 6 個月時間進行中期波段交易的方式最適合我。我大約花了 2 年左右的時間才建立起交易風格。人們都說，年紀大了之後，比起彌補自己的短處，要發揮長處才能功成名就。想要彌補自己的弱點就必須投入大量的時間，但是我們連發揮自己優點的時間都不夠了。每個投資人都有自己的特性，要根據這個特性發揮自己的長才，才能走向成功投資的道路。

尤其是散戶投資人，一定要把握自己比機構或外資更得天獨厚的優勢，將其盡可能地發揮，這才是提高交易勝率的方法。比如說機構投資了大型績優股，但由於投資的數量龐大，難以在一兩天內出清，散戶卻隨時都可以退場。此外，機構在決策上需要耗費大把時間，但散戶能夠迅速做出投資決策，這也是另一項散戶的優勢。

股票市場有趣的地方，在於可以採用各種不同的方式，利用短打與飆股一決勝負的投資人、利用剝頭皮或期貨選擇權一戰高下的投資人，也有像種田一樣長時間耕耘的投資人；有喜歡成長股的人，也有專門投資生技股的人。投資股票的過程中，會出現特別能為自己帶來獲利的產業或股票，這一點也很有趣。如果大家是上班族，不要只從

遠處尋找能賺錢的情報，從自己熟悉的領域開始觀察和投資也不賴。舉例來說，我在航空公司擔任空服員的表妹，某一天向我尋求投資建議，我建議不知該買哪種股票的表妹，從航空公司、旅行社、免稅店股中，試著買 1 支自己喜歡的股票。

「那些股票你應該比我更了解吧？像現在航空業或旅遊業的產業氛圍、免稅店的人潮多寡，你應該都比只坐在診間的我更加了解吧⋯⋯不用立刻買進也沒關係，好好觀察這些股票，如果覺得價格便宜，要不就試著買一次看看？」

Swing Trader's Tips

與其投資 YouTube 或證券節目所介紹的股票，不如先關注自己熟悉且了解的產業類股。如果對自己所熟悉產業的走勢與收益變化有所掌握，那就從這些股票開始試著交易。建議試著從平常有在關注的領域做篩選，然後決定是要在這當中建立投資組合進行分散投資，或者選一兩支有潛力的股票進行中期或長期投資。建議從這種經驗開始積累，架構出屬於自己的交易風格。很多人都認為股票投資很難，不過根據我的經驗來說，投資是越單純越好。

每個投資人都有屬於自己的風格，所以我們必須先考量自己的

生活方式，找出可以獲利的交易方法。尋找交易風格這件事最好不要經由他人，而是要由自己親自嘗試。上班族工作忙碌，全職主婦照顧孩子也很辛苦，由於生活方式不同，別人推薦的交易方法不一定行得通。穿上不合身的衣服，只會讓自己很在意也很不舒服。

大家說別試的
我都試了

　　我從小就好奇心旺盛，對跆拳道、合氣道、高爾夫、瑜伽、氣功、滑雪等運動也很感興趣。在美國就讀高中時，也體驗過雪板、網球、水球、冰球等運動。當然這一切也歸功於父母認為小時候要多體驗一些事的教育哲學。我的這種個性和取向，在股票投資上也表露無遺。

　　專家們在著名的股票書籍或 YouTube 上所說的建議，比如說「不要把雞蛋放在同一個籃子裡、不要舉債、要分散投資、要避險（Hedge）、不要接刀……等」，有很多不要做的事。我很清楚為什麼他們會這麼說，但即便如此，我還是嘗試過這些投資方式。別人說別做還是想做，這份好奇心真會殺死一隻貓。

　　我曾經試過在跌停時進場，捉住下墜的刀刃，有從中獲利也有因而虧損，也試過用短打集中投資，用過代墊和信用交易，操作代墊交

易時也曾大幅虧損。甚至投資初期，在投資 KOSDAQ* 小型股的過程中，也遇過股票被停止交易。在多方嘗試之下，我找出了適合自己的交易風格。以我自己為例，我不適合用投資組合避險的方式，不管別人說這個方式再怎麼好，只要不適合我，也只能一拍兩散。這個標的上漲，那個標的就下跌，那個標的下跌，這個標的就上漲，這種方法要搭配得當才能在一方獲得收益，這種投資跟我的個性、目標，特別是想要透過股票投資買一套房的遠大目標並不相符。

對於期望股票的投資報酬率只要略高於市場報酬率或銀行利息的投資人而言，使用投資組合避險，以穩定的方式投資，是正確的選擇。但投資組合也有陷阱，即便大盤表現良好，但股票不可能全部都漲，所以收益並不高；反之，如果進入熊市，還可能一起穩定出現負成長。之前聽到某位散戶抱怨說：「我以投資績優股為主，真的都穩定負成長，果然績優股就是不一樣！」害我笑了很久。投資沒有所謂的王道，我認為正確的方式，應該是先清楚了解自己的需求再進行投資。

資產家期望獲得高於銀行利息的收益，所以組成投資組合並沒錯。但如果是像我這種錢不夠多，目標是把報酬率極大化來買一套房，而且認為自己能夠承擔這種風險的話（只要不是無限度的挑戰），試著挑戰一下也不錯。經濟學家洪椿旭博士說過：「有時候，不承擔風險的態度，本身就是風險。」這句話讓我很有共鳴。現在不就是一個因害怕而什麼都不做、最終就什麼都不可企及的通膨時代嗎？

---

* 編註：科斯達克，南韓的創業板市場，上市公司以高科技創投及中小企業為主。

每個人都有自己的才能，我認為無論年紀大小，人生最終還是取決於自己的能力，所以有時想起來會令人感到恐懼。但如果過度相信生辰八字或命運，就無法有發展。所幸我們可以培養自己的能耐，也可以開拓自己的命運。我們身體的肌肉越使用就越強壯，我認為股票的能力與運氣也可以越練越強，就像是我們在提升身體可承受的力量與極限一樣。即便現階段投資能力還不足，但只要累積經驗，同時慢慢培養自己的能力，投資的方法和智慧，就會像肌肉被賦予了力量一般逐漸積累起來。就像是一開始只用 5 公斤、10 公斤開始掌握鍛鍊方法一樣，投資也應該像這樣逐漸增加強度。

　　在踏上股市投資不虧本的正軌後，我也開始喜歡閱讀跟運氣有關的書。我對被稱為運氣、氣勢、氣運等各式各樣的能量感到好奇，想一探究竟。剛開始投資時，我雙眼盯著瞬間湧入報價視窗的買勢，非常好奇「這些錢和力量究竟從何而來？一口氣湧入數億、數百億資金的買勢和力量的滯留，又是什麼意思？」可以說，我是被這股能量所迷惑因而沉迷於股票也不為過。股票就像人生，投資到運氣好或氣勢強的企業，就可將收益最大化。最近比起投資企業的股價，我更密切關注自己的心理狀態和運氣，觀察自己現在是充滿貪念、害怕，還是焦慮……，許多投資人都專注在股價上，卻對自己的內心漠不關心。從某方面看來，21 世紀的基金經理人和股票投資者，就好比是算命師和女巫，前者判斷企業的運氣，後者評估個人的運氣，只是型態不一樣，但從預測未來命運的角度上來看，這兩者從根本上來說，不就是在做同一件事嗎？

問半天，
不如現在去開戶

「股票投資要怎麼做才會賺錢？」問這個問題的人，大多數都沒有親自嘗試過交易，也沒有親身體驗過各式各樣的交易技法和狀況，在沒有經歷過各種試錯的狀態下，只想知道股票投資能賺錢的方法。如果只是在 Naver 上搜尋「舞要怎麼跳得好？」而不實際練舞的話，就算閱讀了一百條知識也不會有任何幫助。雖然這只是我個人的想法，不過書讀得越好的人，好像更傾向於透過學術的方式學習股票，而不是專注在實戰投資和交易上。這樣的人真的懂很多，指標如何、供需如何，什麼都懂。但聽著聽著，如果問他們：「那你有從股票上賺到錢嗎？」他們就會變成吃了蜜糖的啞巴。股票不是用講的，而是用收益來說話。

我個人相信，就算是現實中只能賺 1 萬韓元的實戰交易，那都比書裡天花亂墜的理論更重要。理論是理論、實戰是實戰，股票投資裡

最偉大的老師，就是每天都在變化的市場，書跟理論都不過只是參考資料。

市場是很無情的，每天都會投入鉅款召開天下第一武道大會，其中是不看學歷、經歷、年紀與出身的。我每1到2週都會去練習打高爾夫，練完回到家，倘若我跟老婆說「我覺得我今天好像又悟出了點什麼」，老婆都會很無語，然後開始大笑，問我：「你今年已經領悟了第幾次了，怎麼分數一點都沒進步……？」儘管心裡覺得自己好像已經是職業選手了，但我現實成績一整年也就只有一兩次單差點*，還大多是80桿左右。說到底，在高爾夫球場上，打得比我好的就是我大哥；在股票市場，賺得比我多的也一樣是大哥與高手，這無關年齡。只是股票市場上沒有永遠的失敗者和勝利者，就算是高手，稍有失足也會跌倒。

這裡我想強調的是，不要被困在理論當中，重要的是，利用小額資金大量累積實戰投資經驗。理論方面博學多聞沒有用，要在實戰中反覆達到不會失敗的投資，找出屬於自己的投資風格。

Swing Trader's Tips

與其思考股票要怎麼學習，不如立刻去開個證券帳戶，放10萬韓元（約2,300元新臺幣）進去，開始試著投資。正確的方式

---

* 編註：Single，高爾夫球術語，指總桿數和72桿標準桿的落差在個位數（0~9）內。

應該是先試著交易，再從書裡找出自己在實戰投資中感到苦惱或好奇的地方，逐一解開謎題。讓我說一則以前聽來的軼事吧。

有位發下豪言大願想用圍棋稱霸世界的年輕人，下定決心要在圍棋史上留名，他進到山裡花費無數時間，沉浸在圍棋之中，鑽研自己的獨門祕技。某天他終於從中頓悟，決定下山重回江湖，並在下山的路上，進到一間棋院，要求與院長一決勝負。

「又不是職業選手，棋院院長算什麼呢！」

他打算從今天開始「踢館」，橫掃江湖。然而棋院院長竟要他先跟自己教導的國中生比賽！他的自尊固然受到打擊，但比賽隨即開始，花了 10 年時間修行圍棋的年輕人，無情地被不是職業選手的業餘國中生給打敗。下山的第一天他就領悟到，他這 10 年來的學習形同烏有。自己所領悟的事，如果能在市場上行得通、賺得到錢，那是最好不過；但如果行不通，那就是徒勞無功。

投資與投機的差別

　　股票投資上也會出現「只許州官放火，不許百姓點燈」的事。偶爾有人說「我都用這種方式獲利！」就會有人跳出來貶低說「用這種方式投資會完蛋的！」但自己同時也因利慾薰心而做出其他的行為。我並不是想要責備他們，我有時也會被其他人的言談所吸引⋯⋯這種心態是人類的特性之一。

　　投資股票的時候，會遇到很多只想要有穩定收益的投資人。不過，只想賺錢而完全不願承擔風險？抱歉，這世界上不存在這種形式的投資，如果不願意承擔風險，我會建議不要投資股票，還不如乾脆把錢存在穩定但利息有點低的銀行。老實說，把錢投入股市本身就是一種風險，只是風險大小會根據標的不同而改變，而每個人承擔風險的能力也不同。每個投資人能承擔的風險規模都不一樣，對我來說不是什麼大風險的，對某些人來說可能就像世界末日。或者，當輿論大篇幅

報導、助長恐懼的時候，我們也會被捲入這個氛圍當中。即便在同樣的股市裡投資相同的股票，有的人可以獲利 10％，有的人可以獲利 30％，有的人則是野心太大想獲利 50％，最後卻連本金都要不回來，反而帳戶透支。所以股票投資很難，就好比每個人都有不同的生活方式，這是基於每個人能承受的風險不同所出現的結果。然而，雖然每個人能承擔的風險規模都不一樣，但一樣的是，一定要經常確認自己是在投資還是投機。

假如各位在投資的過程中，突然稍微感覺自己好像太過勉強，務必要先問自己：「如果股票表現不好的時候，我能承擔多少風險？」韓劇《Sky Castle》中，金珠英不就這樣說過嗎？

「你能接受嗎？我問你承受得了嗎？伯母！」

能認知到自己要為自己的行為負多少責任，並且判斷自己得承擔多少風險，才算是一位真正的大人，可我們身邊有很多只長了年齡卻還不懂事的人。當然，股票市場上也經常能遇到這樣的人。很多人還在痴心妄想著「來一波逆轉人生！」也有很多人現在戶頭裡連 1,000 萬韓元（約 23 萬新臺幣）都沒有，卻不把 1 億韓元（約 230 萬新臺幣）當回事。要知道，現在馬上就可以使用的 1,000 萬，比起那虛無飄渺的 1 億來得更加可貴。

我們在投資股票時一定要認清自己能承受的風險規模，股票投資當然會有風險，這是一場帶著風險展開的遊戲。所以我認為，如果是自己可承擔的風險就叫作投資，如果崩潰的時候自己無法承擔，那就

是投機。這是我個人區分投資與投機的標準。

　　誇張一點來說，從一個人投資的股票與交易風格，就可以看出他的人生哲學。謹慎的人嚮往穩定的投資，夢想著一夜致富的人會選擇單日漲跌幅較大的作戰股，試圖逆轉人生。如果人生能夠朝著夢想前進該有多好，但我們的人生卻不如想像中那麼簡單。我也經歷過無數次失敗和崩潰，但每次我之所以都能重新站起來，就是因為當我判斷自己無法承擔的時候，即便金額很大、很痛苦，我也會果斷停損然後重新開始。順利的時候任誰都能度過，但是看一個人在困難和艱辛的時候採取什麼樣的行動，失敗的時候如何處理，就可以大略知道這個人的人生與運氣會往哪一個方向流去。

　　我高中一年級時，曾經到位在美國東部康乃狄克州，一間名叫坎特伯雷中學的小型寄宿學校留學。國中三年級時，我讀完洪政旭的著作《七幕七章》*後，我告訴父親：「我也要上哈佛大學！」兩側水田一碧千里，在機場大道上，父親老舊的銀色現代 Sonata 發著怪聲，奔馳在前往金浦機場廣闊無際的道路上，那時我無心的一句話，卻改變了我的人生。個性急躁的父親，隔天就帶著我到首爾市內某家留學中心，一天之內就訂好留學的住宿。5 年之後，兒子說著要去哈佛讀書的誓言被證實是一場謊言，但不論如何，我的人生都因為那天無意的一句話而完全改變。

　　我就這樣去到了美國，發現美國的高中跟韓國的高中截然不同。

---

* 編註：洪政旭是韓國知名企業家，畢業於哈佛大學，曾任國會議員。1993 年出版的《七幕七章》（7 막 7 장）講述其學生時代奮鬥的勵志故事，成為當時的暢銷書，促成了韓國早年的留美風潮。

美國沒有持續到將近晚上 10 點的晚自習，取而代之的是每天放學後花 2 小時的課外活動時間做運動。學校每季都會更換運動項目，春天學的是網球。那時我都會搭著公車，每週跟其他學校的學生比一次賽。我在韓國雖然經常以考試跟別人競賽，但這種類型的競賽卻是第一次嘗試，所以內心非常渴望獲勝；一旦輸了比賽，我就會把球拍丟到地上，甚至把它折斷洩憤。當時高個子的圖克教練（Mr. Tuerk）默默地把我叫過去，對我說了一句話：

「Sean（我的英文名字），if you want to win, you need to learn how to lose first!」

當我聽到教練說「想贏，要先學會怎麼輸」的時候，簡直當頭棒喝。在韓國沒人會教我們怎麼輸。然而，想要獲勝，就要先學會如何輸得漂亮。我在進入股市的時候，不是先準備好怎麼贏，而是先做好輸的心理準備。我雖然很幸運，能在短時間內大舉獲利，但我並不是什麼超級高手，交易 10 次會賠 3 到 4 次。我做到的只是打從買股票的時候開始，就先預估股價至少會賠個幾天，我只有在有自信自己能承受這個虧損的時候才會進場。虧損的時候我會冷靜判斷，不管再痛、再不甘心、再怎麼開始自我合理化，只要錯了就是錯了。

人類會在面臨辛苦和困難的時候露出本性，我們過去青澀的愛情不也是這樣嗎？感情好的時候就愛得死去活來，但當兩人之間面臨經濟困難或其他障礙時，就會開始露出自己真正的本性。雖是題外話，但如果各位要決定是否跟另一半結婚，先跟對方一起走過四季，至少

與對方相處 1 年左右再決定比較好。投資者的真實面貌也是一樣，投資底子不會在投資順遂的時候展現，而是會在艱辛和困難的時候表露無遺。巴菲特也說過：「當派對結束，泳池的水洩光之後，就知道誰有穿泳衣、誰沒穿了。」如果因為股票投資失手而招致鉅額虧損，不要就此逃避，要懂得鼓起勇氣面對，雖然這件事總是讓人感到痛苦、辛苦和折騰。我們並不完美，所以我們的交易也不完美，但輸了也沒關係，只要是自己能夠承受的失敗，就不是投機，而是投資，它會成為良好的經驗。

「報個明牌給你！」
我有這麼偉大嗎？

　　投資股票的人大部分都希望獲得好的情報。但很多人靠的不是自己鑽研和學習，而是想從股票討論區、網路社群、社團，或是稍微懂股票的友人身上，取得我們所說的「小道消息」（明牌）。我獨自一人開始學習投資股票，到現在也是獨自在投資。我認為，利用從某人身上獲得的情報進行交易，就很容易被情報所左右。不過我在投資初期，也試過向朋友討各種情報，有曾經從中獲利，也曾因而虧損。但現在我已不再仰賴這些情報了。

　　倘若有人出於善意，提供給我好情報或高級情報，我如果相信了這份情報而投入鉅款，賺錢的話是萬幸，但如果事情不如預期、蒙受虧損，肯定會埋怨這位友人。我自己有過很多這種經歷，在我身旁也屢見不鮮，所以我現在比較排斥向友人推薦股票，「表現好的時候歸功於自己，表現不如預期的時候怪罪他人」，這就是人類的本性。

我非常不喜歡自己的人生被他人的三言兩語所左右，我想任誰都是如此。我比較傾向於，即便人生會毀掉，也要毀於我自己的選擇；要成功，也要因我的選擇而成功。

　　投資股票的過程中，偶爾會遇到友人放口風說：「只有你知道就好！之後這支股票會因為這個原因大漲！」問他怎麼得知這個消息，他就會說是從證券公司高層那邊聽來的。

　　我真的有那麼偉大嗎？連證券公司高層都願意不計代價洩露高級情報給我知道嗎？我雖然沒有買進友人推薦的股票，但我一直關注著後續發展，後來股價作勢上漲但最後崩盤，假如我聽信友人的話投資這支股票，最終就會面臨鉅額虧損。

　　股票討論區裡，也有些人會親切地和大家分享他口中的高級情報，但如此高級的情報為什麼要上傳到討論區？如果這真的是高級情報，只要把自己的全部資產都投進去，口袋賺飽飽不就行了嗎？像這樣跟隨情報做交易，不會有所進步，運氣好也許可以賺到一兩次錢，但因為情報而賺到錢的人，最後還是會毀於情報。

　　市場上充斥著許多情報，其中有一部分是主力為了左右散戶、好讓自己獲利所散布的假情報。天下沒有白吃的午餐，主力之所以會向市場散播情報，就是因為他們有覬覦之物，而且大部分的情況下，他們想要的東西跟我們想要的東西正好相反。如果你對自己的交易有信心，就不會為了得到方便的情報而去建立人際關係，也不會在討論區輾轉徘徊。依賴別人是因為自己的實力還不夠，不管股票投資的經驗再久，仰賴別人口中情報做投資，不但賺不到錢，股票投資的實力也絕對不會成長。

我大多都是從新聞上取得對股票投資有幫助的情報，所以我會很仔細閱讀新聞。閱讀新聞的同時，我會開始思考並觀察世界正在朝哪個方向發展。我的人生並沒有那麼偉大，沒有人會無償告訴我高級情報，所以我總是不斷觀察市場，思考並探究要怎麼做才能從中獲利。

股票投資的
1 萬小時法則

　　我進行了超過 3 年的試錯，從第四年才開始感覺自己的交易能力有所提升，成為了稍微純熟一點的投資者。我想聊聊這段我稱之為「股票投資的 1 萬小時法則」的故事。

　　我所經營的診所規模很小，有可能是我經營得沒那麼好，看診的時候，大部分患者都會集中在某一段時間內來看診，除了這段時間以外，我的自由時間相當多。

　　坦白說，我獨自一人待著的時間，比看診的時間還長。除了熱門的診所以外，大部分社區診所的處境好像都跟我相去不遠，我遇過在閒暇時間打毛線的院長，也遇過偷閒看電影或學習理財的院長。我的投資風格，一年裡頂多投 3 到 5 支股票，所以一年下來，實際有交易股票的日子也不過就幾天而已。除了這為數不多的幾天，大部分的時間我都在關注市場。就像計程車司機在等客人的時候開著收音機一樣，

我會習慣打開我手邊持股的報價視窗，一個人在診間吃飯時也會開著報價視窗瞥個幾眼。

我就這樣看了 5 年左右的報價視窗，但有的時候我也不知道怎麼說，總會感覺很奇怪，好像感覺到了有什麼不同，這種時候大部分都會出現大幅變動，不是行情大漲就是大跌。雖然這樣說很像瘋了，但就好似有人發出了摩斯密碼一樣，我看著報價視窗上湧現的數字，就會感受到一股奇妙的氛圍。

我在報價視窗上努力感受的不是數字，而是力量和感情。因為我操作的是中期波段交易，我稱之為「狙擊手交易」，一般來說會在定義好的時間內大量買進單一支股票，其他時間裡如果有多餘資金，我寧可加碼，也不會在中間調整倉位。一旦買完股票，我會從這個時候開始觀察報價視窗，大部分時間都在學習。

我估算了一下這段時間裡，我花了多少小時學習股票。只要工作中一有空檔，以及下班後做完家務、顧完孩子直到睡前這段時間，也就是過去這 5 年來每當有空閒時，我都在學習股票。看報價視窗、線圖、搜尋股票相關新聞、閱讀等等，加總起來，這 5 年來我每天持續學習 8 個小時左右。

如果按這樣計算，我已經花了超過 14,400 小時。而我到了第四年才感覺自己的交易技術有所成長，從時間上推估，正是學習股票大約超過 1 萬小時左右的時候。難不成，1 萬小時法則在股票投資上也說得通嗎？

Neowiz 的創辦人兼魁匠團董事長張秉圭在《新創韓國》（스타트

업 한국，暫譯）一書中提出了「壓縮成長」的概念。*人生的成長總是呈現階梯式或 S 型，如果想在 S 型曲線上加速成長，只能比他人更努力、投入更多時間學習和交易。我一開始也盲目投資了很多股票，雖然這段經驗令人羞愧，但也是有了這段經歷我才能走到現在。我的重點不在於否定我自己投資初期的交易方式，我想說的是，即便失敗了，只要持續學習和努力，在不知不覺間就會向上成長。

　　人們都說股票和人生很像。經歷過無數次的試錯，發現自己感到好奇的地方並從中學習，以這種方式投資，交易技法會在無意間更上一層樓。不付出努力只圖僥倖是不行的，即便靠著運氣僥倖了一兩次，以這種方式賺來的收益還是會像風一般消逝。前面我有提到，我們要提升金錢的肌肉量。一開始我們透過股票賺到 10 萬就會感到新奇，隨著交易金額增加，賺到 100 萬、1,000 萬的話，我們就會覺得自己好像擁有了全世界。接著交易技術又進一步成長，如果賺到 1 億韓元，金錢的肌肉就會開始變得發達。就像是一開始舉不起沉重的 100 公斤一樣，如果一開始就渴望坐擁大量金錢，稍有差池就很容易受傷，因為金錢會主動去尋找懂得如何支配並了解它價值的人。

　　到目前為止，我講解了對金錢與股票的準備過程、股票投資的心態，以及帶給我影響的書籍。從第 2 章開始，各位就要正式進入到我

---

* 學習曲線一般會呈現 S 型走勢，初期要經過試錯和反覆嘗試的過程，即使投入大把的時間和精力，還是會感覺和成果不成正比。但只要持續努力、學習並累積經驗，某個時間開始，成長曲線就會隨著頓悟而變得陡峭，這段時間投入的時間和努力就會化為成果。但是成長並非無限，對於知識型勞動者而言，再度面臨停滯的 S 型學習曲線很常見。請參考張秉圭的著作《新創韓國》（暫譯）第 80 頁。

〈圖4〉學習曲線

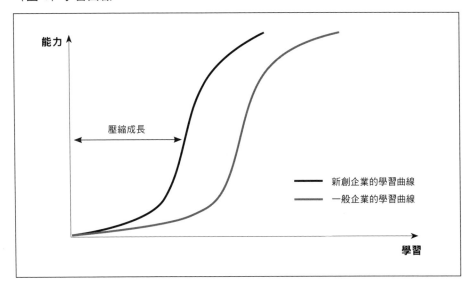

的股票投資之旅。我很認真地整理，希望我過去5年來在投資中所感
受過的成功與失敗的經驗和紀錄，都可以成為各位投資時的參考，希
望可以讓大家參考實際上要怎麼做才能提升金錢的肌肉量，並得以從
股票中獲利。

安德烈・科斯托蘭尼

André Kostolany

想在短時間內成為有錢人，
有以下三種方式，
第一種，找一個有錢的另一半；
第二種，擁有富有前景的商業點子；
第三種，投資。

第 2 章

股票與人生，
都是時機之爭

天地人選股法概要

天：從大框架觀察什麼精神符合當今的時代，掌握支配世界的關鍵字，以及了解世界日後將會如何變化。謹慎預測有發展潛力的產業與有前景的領域為何，利用文字釐清符合當代的時代精神。

地：區分符合「天」所代表的時代精神底下的產業與產業群。假如出現了這種產業，就要大致了解背後支撐該產業的制度結構、政策與目前市場的普及率或技術。

人：不管該產業多有前景，就算世界正在往這個方向發展，只要沒有大眾的關注，在股票上都是吹影鏤塵。所以我們要觀察的是該處是否聚集了大眾的興趣與關注，或者是日後人們會不會開始對這個方向有所關注，接著再利用技術分析，觀察這個氛圍是否有反映在股價之上。在「人」這個階段，除了像我們這類的散戶以外，還要關心該領域是否具有魅力，可以引起機構、外資，甚至主力（？）的關注。

讀懂這世界
就能看見金流

　　我不是全職投資人，禮拜一到禮拜六，每週都要到診所上 6 天的班，所以沒辦法左顧右盼，挖掘股票。我想上班族投資人應該也有和我一樣的處境。更何況上班族偶爾還能出差和外勤，我則是連這點時間都沒有。有時候看到去國外出差或是外勤拜訪客戶的朋友，總是非常羨慕。

　　但是我覺得，10 坪左右的小兒科診所裡，那間只占地 3 坪的診間就是我的小宇宙，我利用患者較為稀疏的時間，抽空研究世界、學習股票。我在無法抽身的診間裡學習股票，從某方面來說，股票成為了把被關在診間的我與廣闊世界串連起來的媒介。我在投資初期，當然也四處找尋情報，但現在則是一個人安靜地投資股票，而且大部分的股票情報都是透過入口網站的新聞取得。所以不管工作有多忙碌，我都還是會每天檢視政治、經濟、社會、世界頭條新聞中引人注目的消

息。當然，我所讀著這些訊息並不會直接連結到金錢，僅止於「啊，原來有這種事……」的了解而已，確認新聞只是為了跟上世界氛圍變化的腳步。

投資的方法大致上可以分為由上而下（Top-down）與由下而上（Bottom-up）。大家應該都知道，由上而下是藉由分析經濟與產業的大趨勢，提前預測日後有成長潛力的產業，再從中找出具有前景的企業。由下而上是去發現目前股價被低估的企業，然後分析該企業所屬之產業群的方法。至於要採取哪種方式，則會根據當時的狀況、股票或時期而有所不同。以我個人來說，我使用方法是先觀察世界，然後預測日後的變化，再選出有前景的領域。我現在要介紹的，是我的獨門投資祕訣——天地人選股法。

天地人中，天指的是「天上的時機」、地指的是「地上的時機」、人指的是「人類的時機」。掌握「天」的時候，要在大框架下觀察符合當代的精神是什麼，了解支配這世界的關鍵字，以及日後世界會如何變化，接著謹慎預測有發展潛力的產業和具有前景的領域為何，利用文字釐清符合當代的時代精神。「地」則是區分「天」所代表的時代精神底下的產業與產業群。假如出現了這種產業，就要大致了解背後支撐該產業的制度結構、政策與目前市場的普及率或技術。最後是「人」，不管該產業多有前景，就算世界正在往這個方向發展，只要沒有大眾的關注，在股票上都是吹影鏤塵。所以我們要觀察的是該處是否聚集了大眾的興趣與關注，或者是日後人們會不會開始對這個方向有所關注，接著再利用技術分析，觀察這個氛圍是否有反映在股價

〈圖5〉天地人選股法

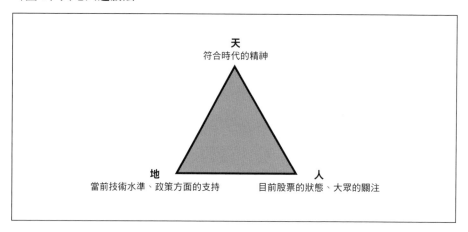

之上。在「人」這個階段，除了像我們這類的散戶以外，還要關心該
領域是否具有魅力，可以引起機構、外資，甚至主力（？）的關注。
即便該產業現在沒有賺大錢，我們也要仔細分析天和地會不會給予支
持、日後是否可以獲得大眾的關注，業績是否會因此而轉好。

　　天地人！如果想要符合天、地、人，就必須要等待。就算是面對
散發著甜蜜的粉紅色光芒、向未來招著手的股票，只要是沒有過程就
直接上漲的，我是看也不看。就像認識一個人的時候，不管他現在的
地位多高或多低，我看的不是眼前的華麗，而是會觀察他過去經歷過
什麼樣的過程，才會走到現在這個位置。穿著華麗的外衣搭配像樣的
口才，這種人很可能是詐欺犯，股票也是一樣。舉例來說，當下連一
塊錢的銷售額都沒有，臨床連一期都還沒通過，只是四處撒著新藥開
發後將帶來數兆韓元預估損益的粉紅泡泡新聞，投資這種生技股的時
候一定要更加謹慎小心。我最討厭的就是毫無根據的期待，想要賺錢，

期待的背後就要有實際的存在，光有期待、沒有數字支撐的股票必定會崩潰。對未來的期待有時會帶來巨額的財富，但是我們必須要先確認這份期待是否真的有所依據。

　　股票世界裡的「天、地、人」當中，人總是最為著急，這當中又屬包含我在內的散戶最為焦急。但市值爆發需要過程和成熟的時機，也就是天、地的時機與人的時機達成一致，必須要花費數個月或數年積累的能量才得以爆發。

　　我在看線圖的時候，並沒有像其他人一樣如此重視價格，但我關注的是隱藏在線圖裡的能量。當天地人的「時機」（Time）來臨，行情爆發的時候，該股票的爆發力，與橫盤的時間和該股票所忍受的痛苦程度會成正比。過去的時間裡，努力洗盤的時間和過程越長，苦行的程度越苦，爆發的力量就越大。舉例來說，2020 年疫情大流行下，沉寂 10 年的 HMM（現代商船）股票終於爆發（參下頁圖 6），我們都親眼目睹了，10 年來不斷下跌與橫盤所累積的能量爆發，會帶來多大強度的上漲。

　　長時間反覆下跌與橫盤而積累著能量的 HMM 股票，以 2020 年 3 月為起點，交易量漸漸增加，股票開始上漲，這段時間積累的能量終於爆發。2020 年 3 月下跌至 2,120 韓元的股票，在 2021 年 5 月上漲至 5 萬 1,100 韓元，整整暴漲 24 倍。人生也是如此，即使覺得自己的人生正在走下坡也不要失望，要把它看作是儲備能量的時期，誰能知道長時間積累的能量，會在遇到什麼樣的契機時爆發出多少能量。

〈圖6〉HMM 月 K 線圖（2017 年下半季～2021 年上半季）

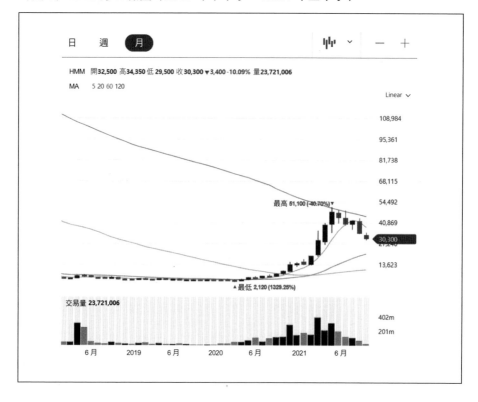

天地人選股
運用實例

　　我在找股票的時候，都會運用剛剛所介紹的天地人選股法。當然有時候也會遇到久旱逢甘霖般不錯的股票，但大部分為我帶來高額收益的股票，都是透過天地人選股法挖掘的。想要使用這個方法挖掘股票，首先要清楚掌握世界的時代精神與貫通當下的趨勢。講述一個實戰交易經驗，應該會比用文字解釋一百次來得更加容易理解吧。

　　2021年讓我獲利最多的股票是SK Bioscience。我在整理稿件的當下是2021年的10月初，此時的股價是23萬韓元，相較於先前52週的最高價30萬元，目前的股價處於大幅下跌的狀態。由於美國默克的新冠肺炎口服藥第三期臨床試驗利空消息放出，相較於我先前投資的時候，默克的力量明顯減弱。

　　我對這支股票感興趣的時間點是2021年的上半年，當時韓國已經開始接種AZ、莫德納、輝瑞等新冠肺炎疫苗，整體處在新冠肺炎疫情

好似馬上就會結束的氛圍下。2020 年 3 月至年底，股票市場基於對疫苗開發的期待逐漸找回生氣，KOSPI（韓國綜合股價指數）指數從 1,400 點上漲至 3,316 點，漲幅非常驚人。經濟馬上就找回活力，人們也相信我們可以重新回到新冠肺炎爆發以前，但是每天都坐在診間看病，每年秋天都要接種流感疫苗與處理換季期流行疾病的我卻不這麼想。面對那些高喊著疫苗開發完成、新冠肺炎應該馬上就會消失的輿論，以及希望盡快恢復日常生活的人們，我抱持著懷疑的態度。

「這有可能不是大流行（Pandemic）而是地方性流行（Endemic）！」

我的腦海裡出現上面這段話，我把它劃成重點，仔細思考了約 1 週左右。當時韓國一天的確診者約 5、600 人，韓國政府連日再三保證新冠肺炎將會穩定下來，新聞大量報導著以色列的接種率已超過 70% 的群體免疫條件，已經開始回到不用戴口罩的日常生活。我看著這些蜂擁而至的新聞，越來越懷疑「真的是這樣嗎？」某個週末，我經過漢江市民公園，裡頭滿滿都是傾巢而出的市民們，政府的正向發言降低了市民們的警戒心，然而事情卻與政府的保證相反，確診者數量並沒有減少。在這種混亂的狀況下，我應該要投資什麼呢？

首先，我把天地人當中，代表天之核心的時代精神設定為地方性流行病而非大流行。那麼符合地方性流行病這個時代精神的產業在哪裡？我重新思考後，最先想起的是快篩試劑股，Seegene 成為 2020 年

〈圖7〉SK Bioscience 日 K 線圖（2021 年 4 月～9 月）

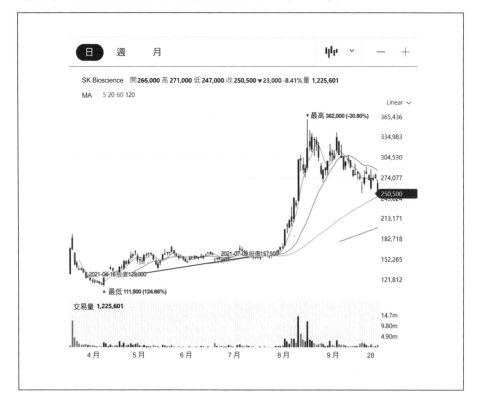

大流行局面下最熱門的股票。但是我看完快篩試劑相關股的線圖後，不禁搖了搖頭，「嗯？力道好像有點轉弱了？」我對別人已經賺過錢的股票既沒興趣也不喜歡。當然，出現新題材或成長動力的話，股價可能會再次突破前高，但即便如此，別人已經賣在高點的股票想再度突破高點，並沒有那麼簡單，原因在於，在那個位置上，有的人想買進、有的人想賣出，所以即使股價再度獲得力量走揚，但先前被套牢的人越多，想拋售的慾望就會越強，因此不但股價無法上漲，反而容

易下滑。所以說，所有人都在等著回本的股票，就越難重新上漲回歸本位。

我把天地人中的地，定義為國產疫苗。當時疫苗已經在韓國國內委託生產疫苗，但是臨床試驗第三期還沒能開始，預計要引進的莫德納與輝瑞的貨量也沒有及時到位，政府陷入了尷尬的局面。當時我思考著 9 種韓國國產疫苗中，哪一個成功的可能性最高。過去我擔任住院醫師的時候，曾參與過韓國國內製藥公司的臨床試驗。患者來醫院時，協調員會給予我們不知道是偽藥或真藥的藥物，住院醫師就會投藥給患者。所謂的臨床試驗，除了時間以外還需要強大的系統後援，更重要的是必須投入大量的金錢與時間。我開始觀察這 9 支股票中，哪一間公司具有在除了韓國以外進行海外臨床試驗的能力，又能夠與食藥處或衛生福利部建立緊密的合作關係。

我進到每間公司的首頁，並且以新聞搜尋目前該公司臨床試驗進行的狀況，以及每家公司具有多少條管道，挑選出今年以內有可能進入第三期臨床試驗，並且開發過程中具備生產設備及產能（Capacity）的公司。我所得出的結論是，具有資源與能力得以消化國內外大規模臨床試驗的公司是 SK Bioscience。我在跟每年冬天都會前來診所詢問要不要下單冬季流感疫苗的批發商聊天時，聽到他說「2021 年，SK Bioscience 不生產流感疫苗，要跟其他公司下單」。當時的我把重點放在地方性流行，正在研究可以獲利的公司，然而批發商的一句話，卻在我的耳邊徘徊了好幾天。當然，我已透過新聞得知 SK Bioscience 不生產流感疫苗的消息，這句話並沒什麼特別的，但卻不知為何總是縈

繞在我耳邊。

　　相較於一般人，我更了解生產流感疫苗，特別是生產 Sky cellflu 的 SK Bioscience 的力量，因為每年我都會親自參加預防接種，為病患施打疫苗。但是放棄「駕輕就熟」且相對穩定的流感疫苗生產與銷售，聽起來很不尋常。既然 2021 年 SK Bioscience 不生產流感疫苗已是眾所皆知的新聞，我認為這則已公開的新聞，是 SK Bioscience 決定專心生產國產新冠肺炎疫苗所拋出的出師表。剛好當時政府在取得莫德納與輝瑞的疫苗上不太順利，因此進一步凸顯出了國產疫苗的必要性，政府也提供著各種政策上的援助。

　　進入天地人的最後階段——「人」，我開始分析 SK Bioscience 的線圖。上漲後又下跌，以為之後應該會反彈，沒有想到維持 4 個月左右的橫盤與箱型，散戶們正心急如焚。在我眼中，這種線圖呈現，是在儲備上漲所需要的能量，看起來像是在洗盤，最後我在 15 ～ 16 萬韓元的區間內集中買進股票，爾後 2 個月內，股價大幅上漲至最高點 36 萬韓元，我在相當於肩膀位置的 29 ～ 30 萬韓元左右將股票全數賣出，實現高額獲利。

機會偽裝成偶然，
只留給準備好的人

　　這件事發生在 2021 年 2 月。當時我想著，一到春天就要把之前用的舊款高爾夫開球木桿換成新款。但是新冠肺炎導致醫院收益不佳，我本來打算賣掉一些股票來買新的木桿，卻也不盡如人意，導致我左右為難動彈不得。但是偶然之間，我看泰特利斯（Titleist）推出新型木桿的廣告，雖然當下口袋不夠深，我依然很好奇售價是多少，便打了通電話給一家網路上的小型賣場。

　　「您好，方便請問泰特利斯新開球木桿特單（特殊訂單）售價是多少嗎？」
　　「請問您使用哪一款桿柄呢？」
　　「TSI3 Loft 9.5，桿柄是 Ventus Black 6S。」
　　「這款訂製的時間很長，要等 2 個月，現在簡直是一陣混亂！」

天啊！我從來沒聽過花錢買開球木桿的人已經多到要排 2 個月！突然之間，我腦海中閃過一個想法。我正好先前研究過 FILA，一掛掉電話，我立刻打開 FILA 的線圖進行分析。

2021 年 2 月時，人們滿懷希望，認為可以立刻擺脫大流行的恐慌，經濟將重新復甦，生活也可以回歸日常。由於經濟復甦，解封（Reopening）概念股正蠢蠢欲動。當時我把時代精神的焦點放在恢復日常與解封，正好在思考要投資哪些股票比較好。旅行股、免稅店、百貨公司概念股已大幅上漲，我也才剛把新世界國際與新羅酒店的股票停利出場。在這個時候，我一聽到開球木桿要等 2 個月以上，就打開了 FILA 的線圖，搜尋它的財務報表與新聞、瀏覽美國與韓國 FILA 的官方頁面、搜尋高仕利（Acushnet）的新聞，甚至還直接走訪了 FILA 新推出的球鞋品牌 KEDS 的品牌賣場。妻子帶著岳母買了幾雙鞋子，同時我們也問了店員一些問題，觀察他的反應。FILA 收購泰特利斯和高仕利後，在 2018 年至 2019 年 3 月行情大爆發，我當時因價格已上漲太多而無法進場，只能夠隔岸觀山般看著股票上漲，為了在機會來臨時進場，我早已事先研究過 FILA。

當時我認為 FILA 已經歷足夠的期間和趨勢盤整，就按照我的風格開始短期內買進股票，只花 2 天左右，我就已全數進場。不知是運氣還是實力，隨著美國高仕利銷售額爆發，季銷售也創下令人驚喜的成績，FILA 的股價一下子就超越了 4 萬韓元，並在一兩個月內上漲至 5 萬韓元後段，我將全數股票停利，賺到了 3 億韓元。

我相信機會不會突如其來，而是會留給準備好的人。我處在已經

完成 FILA 分析的狀態下，又把握到小型賣家「要等 2 個月」的消息，因而創造出收益，這是一個藉由做足準備與快速應對而獲利的案例。FILA 內部情況或是其他高級情報，絕不可能傳進我的耳裡。雖然我們無法得知企業內部狀況，但只要以直接或間接的方式逐一收集該公司營運狀態的線索，就能大致感知到該公司的股價會往哪個方向發展。在 FILA 獲利之後，我把之前手上所有高爾夫球桿全都換成了泰特利斯的產品。對於為我帶來收益的公司，我表達感謝的方式是盡可能在消費時使用該公司的產品，例如鞋子買 FILA，化妝品買愛茉莉太平洋的艾諾碧（IOPE）、蘭芝（LANEIGE）與夢妝（Mamonde）。

我會利用零碎時間學習股票。3 坪的診間是我與這個世界溝通的地方，在看診的同時，也觀察孩子們都穿著什麼衣服、對什麼樣的流行感興趣；自然也不會錯過陪伴孩子來看診的媽媽們，藉由觀察她們的時尚、飾品來推測流行的趨勢。如果很多孩子都穿著 MLB，我就會研究一下 F&F* 的股價圖。人們總是為了找尋偉大的投資機會四處打聽，但其實真正能賺到錢的情報就充斥在我們身邊，只不過我們看不見，也無法察覺。我們總是在生活以外的地方找尋答案，但大部分的時候，這份答案就像謊言般隱藏在我們的生活當中。股票也是如此，所有人都在股市裡找著會大漲的股票，然而真正會賺錢的寶藏，就藏在我們的生活周遭。

我在上下班的途中，如果看到新的工廠或建築，或是注意到哪家

---

* 編註：F&F 為韓國知名時尚集團，MLB 是其旗下的運動時尚品牌，擁有美國職棒大聯盟的官方授權。

公司的總部，就會搜尋一下那裡是什麼地方。除此之外，周遭出現的新公車路線也是我的觀察對象。出現新的公車路線就表示有人潮，要思考該處究竟有什麼公司進駐，為什麼人們要移動到那裡。變化發生的時候如果直接忽視，就什麼事都不會發生，它就只會是一件與我無關、擦身而過的情報。我們必須要不斷提問「為什麼」，才能夠獲得情報、從中獲利。

Swing Trader's Tips

3 年前，我所居住的京畿道光教租屋處附近，有很多新生企業的辦公大樓。每天往返的途中，名為 Dentium 的公司大樓與招牌吸引了我的目光，我去了解了那間公司主要在做什麼、銷售額多少、線圖的表現如何，並閱讀了以前的相關新聞報導，當作是閒暇時的消遣。此時，我看到 Dentium 相關的利空新聞又再次浮上檯面，這則新聞是先前訴訟相關新聞的重複報導，而新聞一出 Dentium 的股價開始暴跌 10% 以上。我本身不太買高點下跌的股票，但也許是因為已經做了番研究，所以我有了「這也許是個機會！」的想法，在低點狂掃暴跌 10% 以上的股票。就像體溫會保持恆溫一樣，健康的公司也會如同維持體溫一般維持股價，使股價回到原本的位置，這也是為什麼我們在投資股票的時候，要觀察乖離和移動平均線的原因。這次投資的結果，我在短短 10 天內賺取了 1 億 5000 萬～ 2 億韓元的獲利。

其實我一般不會接手買進高點走跌的股票，但我之所以敢在 Dentium 上放手一搏實現獲利，都歸功於我的觀察力、好奇心以及股票分析。我並非隨意投資路上映入眼簾的公司招牌，我事先研究過該公司的主要產業——植牙的市場與產業狀態，所以才能遇到這次機會，把它轉換為獲利。身為股票投資人，就必須像這樣隨時打開天線，對世界和人們保持關心。我突然想起了一段插曲，研究 Dentium 的時期，下班後的我在 YouTube 上看著 Dentium 代表理事上傳的植牙手術影片，當時老婆非常訝異，問我為什麼小兒科醫師要看植牙的影片，難道小兒科也有在治療牙齒嗎？

選股就像談戀愛

　　回想一下我們談戀愛的時候，大家都會被充滿魅力的異性吸引，而我認為，股票也要有基本的魅力。只是，富有魅力的股票中，也隱含著危險的股票，而魅力稍嫌不足的股票裡，也會有安全的股票。

　　這不是跟戀愛一模一樣嗎！令人著迷的對象身上帶著刺，喜歡我的對象卻對我沒有吸引力。明明知道對方是壞男人，卻總是被吸引，除了魅力以外，好像沒有任何其他解釋。說句信不信由你的題外話，以前會讀書又會玩的學長姊們，比只會讀書的學長姊更會投資股票，因為他們可以從本能上了解人類的本性、目標與需求，以及滿足需求的方法。

　　這世界上沒有所謂的完美，而是要保持某種程度的平衡，股票也是如此。但投資股票時我們一定要注意，一旦掉到不好的股票中，可是會傾家蕩產的。我們投入自己珍貴的財產，特別是我這種只集中投

資 1 支股票的投資風格，假如遇到 1 支壞股票，我們家珍貴的財產就很可能瞬間化為烏有。不管再厲害的高手，只要落入壞股票的陷阱還是會毀於一旦。說著這些話的我，在剛開始投資、從股票上賺到 5 億韓元的時期，自信心一飛沖天，比想像中更快致富所引發的慾望，也曾蒙蔽我的判斷，我把所有財產壓在一支 KOSDAQ 的小型股上，結果那支股票被停止交易 6 個月，我還因而鬆了一口氣，因為當時 KOSPI 和 KOSDAQ 的市場狀態非常不好。老婆那時候問過我：「最近股市好像不太好，你投資還順利嗎？」我回說「跟平常一樣」，她還歪了歪頭有點懷疑，但股票確實因為會計審查的問題被停止交易，所以價格當然也就一直都維持在同一個地方啊……

6 個月後，那支股票重啟交易，我幸運地從中大舉獲利，但至今我都無法忘記，我賭上一切的股票跳出交易中止公告的那瞬間，腦袋一片空白的感覺。接著我醒悟了，我被自己的慾望蒙蔽了雙眼，在這煉獄般的 6 個月裡，我每天都處在該股票被下市的恐懼中，我下定決心不再投資危險的股票。

剛開始時我就像這樣，不知道什麼是好是壞，只是單純覺得這支股票感覺會漲就買進、看起來有什麼話題性就買進。初學者時期，我的交易可說是毫無對策、有勇無謀。我下定決心寫書之後，翻出過去自己非常私人的股票相關文章與資料，重新讀了一遍，才知道「原來以前的我，如此魯莽和不懂事，我的運氣還真好」。但看著當時的投資日記與筆記，我一方面很好奇我哪來的勇氣和熱情，另一方面撇開當時的程度不說，倒也覺得那份霸氣很了不起。我屢次試錯才領悟到自己以後絕不可以投資這種股票，我想這也不是件錯事吧。或許該說，

我的投資眼光並非一蹴而就，而是來自於切身體會嗎？

在這之後，我在選股時都會先觀察人們喜歡且有資金匯集的話題，接著再觀察目前的銷售額、多年來的營業利益趨勢，以及帶領企業的 CEO 是誰，我甚至還找出的 CEO 的照片，看他的面相好壞、是具有騙子的形象，還是學者的風範，又或者看起來很魯莽。如果你問我，「投資股票還要看面相？還要學看這種東西嗎？」我也不知道該說什麼，但這件事要投入我所有的財產，能確認的東西我都必須確認過才能安心。

不管再有魅力的股票，還是都有我們必須確認的地方，以下我整理出了幾點。

- **有沒有倒閉的風險？**
- **是否有大量發行可轉換公司債（CB）？（是否有抑制股價，降低可轉換債的價格？：Refixing）**
- **是否專注在發行股票選擇權？（在這種情況下，會難以區分該公司究竟是想發展事業，還是想利用股票做金錢交易）**
- **有無繼承相關的問題？**
- **內部人士是否在出售股票？**

務必要牢記上述這些內容，有以上特點的企業即便看起來富有魅力，但正常來說還是該將其視為壞股票，我個人是完全不看這種股票

的，就算要被套牢，也要被正常的公司套牢。務必記得，單身的人遇到另一半的時候，必須要自己甘願為對方的魅力負責，並且對方還要是一位值得被尊重的異性，才會有一場幸福的婚姻，從這個角度來說，投資股票就像是談一場戀愛，被這樣的企業套牢，至少可以保障有朝一日能拿回本金，有機會從中擺脫。

Swing Trader's Tips

雖然前述我提到關於面相的事，但這不代表我會看風水地理、生辰八字，希望大家不要誤會。只不過我小時候接觸到的各類書籍中，我對面相、風水地理、冥想、瑜伽比較感興趣，所以我只是把當時閱讀所看到的內容，當作是股票投資的參考。我之所以提到自己連面相都會參考，是希望大家可以盡可能確認所有可以確認的事項。說起來有點不好意思，其實我認識的漢字也沒幾個。總之，我在投資股票的時候，對於自己感興趣的公司，我會仔細觀察他的企業總部位置，甚至大樓的設計。我不是因為懂這塊所以才觀察，只是習慣上會看一下。

以前有一間宣布要進軍生技產業，在市場上引起轟動、股價因而暴漲的企業，這間企業的總公司照片在網路上掀起一陣話題，明明聲稱自己是生技公司，結果總部竟然位在鄉下，而且前面還放了幾個醬缸。我們不可以輕易把珍貴的資產投入這種公司，我個人在本金稍微增多之後，就不再交易總市值低於 5,000 億

韓元（約 120 億新臺幣）的公司。因為報價窗上的交易量過少，大量股票賣出時會過於顯眼，反而會對行情造成影響。過去我投資中小型 KOSDAQ、市值較小的企業時，還曾開超過 2 個小時的車，到該公司建造的工廠用地伸頭探腦進行觀察。這些話會計師可能不愛聽，不過我們進到 Naver 股票分析頁面，就可以粗略了解財務報表的趨勢。所謂的財務報表，企業若想針對散戶在上面動手腳、隱瞞事實，其實完全可以瞞得住。企業根據情況，時不時把銷售額與營業利潤反映在下個季度的事情比比皆是，所以不需要太深入了解這方面的資訊。不過我一定會上網搜尋這間企業目前是靠什麼賺錢，市場的反應如何，並加以仔細閱讀，如果看完還是不相信，我就會直接購買該公司的產品做確認，這樣我才可以放心。但我想應該會有人說，我這是自討苦吃，把人生活得太累了吧。

觀察趨勢
比觀察價格更重要

　　人們在看股票的時候，好像最先看的都是目前的股價。但是比起昨天與今天的股價漲跌，我更致力於觀察隱藏在這當中的趨勢，以及場中具備哪些能量。剛開始接觸某支股票，在了解該股票的趨勢時，比起短期的分 K 和日 K，我會先看週 K 與月 K、了解這支股票過去發生過什麼事、後來經歷過多少調整、靠著什麼力量從底部上漲，掌握它的趨勢與氣運。

- 觀察週 K 與月 K
- 關注過去的趨勢
- 觀察有無經歷過調整，股價依靠著什麼力量上漲

　　所以說，投資長期均線呈空頭排列的企業要特別當心，稍有不慎

〈圖 8〉新世界國際空頭線圖 *

就會因判斷股價會反彈而誤入，若在趨勢呈空頭排列時被套牢，可就難以從中脫身了。如果還是覺得這支股票真的別具吸引力，就要嚴格（準確）遵守停損點，要先抱著可能會有部分發生虧損的覺悟再進場。

股票跟人生一樣，過去會影響現在，我們稱之為慣例，也稱之為

---

* 筆者在 2020 年底投資新世界國際並從中獲利，這張線圖呈現出新世界國際過去的空頭排列。如果在股價 20 萬韓元的空頭初期進場，比地下室更底下的地下停車場就會在眼前等著我們，接下來就是連日祈禱與苦行之路的開始。

業力。電影《天能》所說的「會發生的事就會發生!」在我們的人生與股市上都可以適用,也就是所謂的「該成者終成,該去者終去」。

　　算命師既使無法猜對未來,卻也能猜對過去與現在,原因就在於,只要了解過去,我們就可以在一定程度上了解現在,所以說過去的習慣和背景是有很大影響力的。股票也是看過去的趨勢,就可以大致推敲未來,我個人相信股票也有氣運。當均線呈現空頭排列,就代表著大部分散戶都被套牢了,這意味著裡頭充滿的不是勝利的氣場,而是失敗、停損、絕望等負面情緒。當然也有企業能夠戰勝負面的氣場,將空頭逆轉為多頭,釋放出強大的能量與行情,然而我們是沒有時間等待、而且投資資金有限的散戶啊。

　　所以,如果想要心平氣和地投資,要找到至少日 K 均線呈多頭排列,或是正在邁向多頭、充滿活力、某個程度上賺錢的人比套牢的人更多的股票,這樣利用做波段的方式獲利再停利會更合適。人天生就容易捨不得,但這種捨不得在股票上是毫無用處的情感。不管再好的股票,或是你投入了再多熱情與關注的股票,只要它已經帶來獲利,在發現趨勢被打破或是趨勢轉換的時候,就必須果斷停利出場。投資股票時,想要獲利到最後一刻的想法是很危險的。獲利到某個程度後,要懂得如何收斂慾望,從中出場。像我,總是抱持著「豐收是主力大哥們的專利,不屬於我」的心態在交易股票。

　　打個稍微過分一點的比方,我們不過就是聞到主力、外資、機構等大哥們飯桌上美食的香氣,跑過來寄生在這些食物上的螞蟻散戶罷

了。弱小的螞蟻想跟大哥們平起平坐，享用食物到最後一刻的話，肯定會大難臨頭。股價上漲的終點，不屬於散戶可以預測的領域。何時結束上漲，總是要等到過去了之後才會知道。某個程度上獲利之後，就要果斷起身、自我克制。只是有時候，我們還是需要鼓起「在**趨勢**被打破之前跟著走一波」的勇氣，這就是股票投資。所以我對「賣出是門藝術」這句話非常有共鳴，太快賣掉會後悔、太晚賣掉也會後悔，不管怎麼做都會後悔……根本沒有百分之百完美的出場啊。所以我個人會在某個程度上與自己妥協，定義出一個出場的標準。

股價循環的特性，
9：3 法則

　　股價一整年來都在波動，就像是一個活生生在呼吸的生命體。股票靠著行情呼吸，沒有永遠上漲的股票，也沒有永遠下跌的股票。就算眼前的股票價值正在上漲，希望股票價格可以就這樣默默繼續上漲，但股價還是會反覆漲跌，我們會懷疑「現在是不是高點？」從而爬上不安的高牆。雖然每支股票之間的差異很大，不過我個人認為，一年之內股票表現強勢的時間約莫是 3 個月。12 個月中有 3 個月呈現強勢行情，其餘時間都在橫盤與下跌中反覆，我稱之為 9：3 法則。上漲的循環也一樣，行情強勢的時間約為四分之一，其餘時間都在橫盤整理。從某個層面上看來，股票橫盤整理的時間比上漲的時間更長。

　　對 2020 年初入韓國股市的年輕人來說，應該會對 2021 年春天後迎來的下跌與箱型波動感到傍徨，但其實 2020 年強勁的漲勢，是非常罕見的市場狀況。反而是像現在一樣，反覆上下盤整，然後又立刻再

度上漲，才是股票原本真實的樣貌。雖然個股狀況會有落差，但我認為股票一年內表現強勢的時間為 3 個月，月 K 上會出現一兩支長紅 K 線。不管再好的股票，經歷強勁的漲勢後必定會迎來盤整。當然，長線投資人會欣然克服這段盤整的時間，然而散戶如果可以挑到一支像三星電子一樣數十年來持續走揚的股票，而且還能跟著三星電子共同度過這段時光，那就真的是眼光獨到，又或者非常幸運。我過去也遇過只存賽特瑞恩或三星電子一支股票就成為有錢人的人。但是，要區分出韓國股票市場上為數眾多的股票中，哪些股票適合長期投資，哪些股票會乘勝長驅，我既沒有這種能力，也沒有這種智慧。

所以我選擇使用「狙擊手交易法」獲利，我會盡可能在橫盤結束、股價快要上漲的時候，又或者是股價已開始些微走揚的時間點進場，在漲勢最為強勁的 1 到 3 個月內獲利後賣出。後續章節我會再仔細講解狙擊手交易法，但簡單來說就是「甘吞苦吐」。享受股票在四季中最盛開的 3 個月，盡可能避免其餘痛苦的 9 個月，在這段期間，我們就像蜜蜂一樣，轉移到其他盛開的股票上。這做法說起來容易，但做起來並不容易，因為想享受到那盛開的 3 個月，就必須要先進場熬過 1 個月的痛苦。

股市裡沒有不需要經過試煉、處處為散戶著想的輕鬆股票。行情的列車往往開心地搖擺到最後，把螞蟻散戶們都甩掉，才會出發前行。所以說股票跟人生真的很像，人生在大步前行之前，也總是會先面臨考驗。從人生大局上來看，我們也大概會經歷 2 到 3 次左右的 10 年大運，而人生大運中，真正洪福齊天的運氣最長也不過 3 年。10 年大運裡的 3 年上升期，跟股票的循環很相似。鴻運來臨之前，我們必定要

先經歷過逆境與能力的考驗，只要能夠克服這項考驗，不管是人生還是股票，都會從此處開始走揚。就如同我前面所述，我看到某支股票暴漲的時候，一定會先去觀察這支股票在上漲前經歷了什麼過程，沒有經歷過程就上漲的股票是走不遠的。沒有經歷任何過程就突然成功的人生，不也是會瞬間崩潰的嗎？

如果對長線投資有興趣的話，就要戰勝一年裡會持續9個月的下跌與橫盤，才能嘗到甜美的果實。如果是像我這樣跟著勢頭做中期波段的投資人，就必須要了解股票從止跌到進入上漲期的循環，才能夠將投資的時間與收益最大化。你問我為什麼股價整整一年來都被困在箱型盤勢裡？股票平盤和下跌的時間，本來就比上漲的時間更長，這個樣子才叫正常。

投資別人讚賞的，不如投資適合自己的

　　2020 年初大型股行情高漲，LG 電子股價突破 10 萬韓元後，勢如破竹地飛向 20 萬大關，韓國總市值最高的三星電子也突破了 6 萬元的箱型走勢，在 1 個月內上漲 17％、20％，股價高達 9 萬 6,800 韓元的時候，股票菜鳥們都為之狂熱，把李在鎔副會長畫成耶穌的海報四處流傳，據說三星電子就算借市廳前面的廣場來開辦股東大會，位置可能都還不夠。以我個人的觀感而言，我不太喜歡投資三星電子，並不是因為三星電子不好，而是因為投資三星電子不符合我要在 1 個月或數個月中，利用中期投資盡可能在一支股票上大幅獲利的交易風格。更別說我覺得要預測半導體產業的循環是一件既困難又難以理解的事。某天我向一位在 MIT 取得半導體相關博士學位的前輩問了一個問題。

「你覺得半導體的循環跟三星電子的股價對得起來嗎？」

前輩的回答是：「如果我看得懂的話，我早就把全部的財產都壓在三星上面，變成有錢人了，還會像現在這樣嗎！」連三星選拔出來的MIT半導體博士都不能理解半導體的循環了，我怎麼可能理解得了。此外，三星的總市值非常龐大，是會跟著大盤波動並發放股息的價值股，這種投資比較適合期望穩定收益和股息收益的大戶。不管再優質的國際企業，只要不適合我就沒戲唱。我會盡可能投資自己可以理解的產業，起初因為我的職業是醫生，所以我試著投資過生技股，但是生技股因臨床試驗失敗而導致的隱藏風險過高，我只有在認為是絕佳良機的時候才會對其做波段投資，其餘時間，我更偏好投資那些提供我們日常生活中會接觸到的服務或產品的企業。

在診間治療患者的時候，我會使用「視、聽、叩、觸」，也就是視診、聽診、叩診、觸診來評估患者的狀況。我在評估股票的時候，也試著套用這個方法。投資初期，也是本金較少的時期，我投資了生技企業，從2017年底至2018年初，我投資了賽特瑞恩、SillaJen、三星生技；新上市股中，我投資了AbClon、TissueGene等股票。但現在我已不碰生技股了，我傾向不做不確定性太高的交易。我的投資風格是一口氣投入所有資產，所以我會避免投資因突如其來的臨床試驗失敗等消息、稍有不慎就會崩跌的生技股。對於即便如此依然想投資生技股的投資人，我認為要投資多支股票分散風險，才會得以獲利。

除了大家異口同聲、一致好評的三星電子，以及新藥出爐就可能

回想起來，我從 2017 年開始投資股票，到第 3 年為止，我在
找房子時選擇住在月租房而非全租房，連全租房的押金都拿來
投資，一心一意只想增加本金。即便如此，我仍沒有使用信用
交易。生技股是典型的高風險、高報酬股票，特別是那些行情
已經高漲，別人荷包已經賺到錢的生技股，更是充滿了危險。
如果認為這種股票還會再繼續漲下去，而對此集中投資的話，
務必當心再當心。如果你想投資生技股，或是想使用任何型態
的槓桿舉債、積極投資，倘若有人早已大量買進並從中獲利，
而你在他們隨時可能獲利了結、將股票拋售出場的區間內開槓
桿買進，這是圖利他人而陷自己於不義的行為。我在 2018 年投
資科隆生命科技（KOLON LIFE SCIENCE）與 TissueGene 之
後，2 年內都沒有再碰過生技股，因為我為自己訂定了不再投
資生技股的原則。但 2021 年中為我帶來最大收益的股票是 SK
Bioscience，真是意料之外，當時我真的非常苦惱，究竟要不
要遵守不投資生技股的原則，還是要把握這一次的機會。

實際上，從 2018 年初到 2021 年 5 月為止，我從來沒有關注
和交易過生技股。當時我問自己，第一，錯過這個機會我會不
會後悔？答案是「會」。第二，要繼續堅持 3 年前決定不投
資生技股的原則嗎？我問了 3 年前的自己和 2021 年的自己，
但現在的我已經與過去不同了，我相信自己投資生技股後的應

對能力已比以前更好。所以我決定要試著打破自己所建立的原則和成見。2018 年，我在 TissueGene 停利後，親眼目睹了 TissueGene 陷入困境最終遭到下市的窘境，除了生技股以外，我還樹立了非必要再也不投資科隆集團相關股票的原則，但 2021 年我投資了科隆工業（KOLON INDUSTRIES），也投資了 SK Bioscience，同時打破了我在股票上的兩大恐懼並從中獲利，這對我來說別具意義。

暴漲的生技股以外，要投資什麼股票比較好？我想，如果可以觀察自己的周遭，從中找出投資標的，應該就是最好的投資選擇了吧？我想分享一個自己的經驗。我每個月會挑個不用看診的星期天去高爾夫球場，然後在高爾夫球場的停車場觀察來往的人們和車輛。觀察現在推出了什麼新車，輪胎製造商是哪一家，人們穿著什麼衣服和鞋子，甚至還會觀察他們的高爾夫球桿和高爾夫球。有次我跟前輩一起去打高爾夫球，他跟我炫耀他用很便宜的價格買到一雙 G/FORE 的鞋子。由於我先前就研究過時尚產業的動向，知道科隆時尚隸屬於科隆工業，我判斷是因為高爾夫球熱潮，除了過去我熟知的 WAAC 和 ELORD 以外，又有新的陣容加入了。深入了解後才發現，科隆的時尚雖然發展得不錯，但科隆的事業主力是被稱為夢想纖維的「芳香族聚醯胺纖維」，至於新生事業方面，科隆則在生產氫能車相關核心零件，原來科隆是一個充滿未來希望的企業！在被科隆生命科技與 TissueGene 嚴

重灼傷後，我對科隆相關股票素來避之唯恐不及，但我不能因為 3 年前的經驗而錯失眼前的機會，而且線圖分析上也顯示，現在是可以進場的位置，所以我想這應該是個好機會，於是我在 2021 年 5 月股價位於 6 萬韓元的時候大量買進，持有 1 個月後股價上漲到 8 萬韓元左右，我當然順勢平倉停利，短短 1 個月內獲利 4 億 3,000 萬韓元。我的朋友總是會問我：「你一年也就投資一兩個月，最長也就 3 個月，那其他時間你都在幹嘛？」我是這麼回答的：

> 「如果是在有獲利的情況下，我會想像自己要在何時實現收益（定性判斷），大多數時間我都在思考要使用乖離率、**MACD**[*]、**RSI**[†]、**OBV**[‡]、均線、K 線中哪一個技術指標，作為賣出的標準（定量判斷）。然後我會思考接下來要投資哪家企業，資金目前正在流向市場的哪個區塊，為下一支箭做好準備。我會花時間審慎思考，要將下一支箭射向哪裡、什麼時候射、要怎麼射。反之，如果我被套牢，我就會懷抱著祈禱的心，耐心等待，每當看診賺了些錢，就算只有 1 股[§]我也會在更便宜的時候加碼買進，有時候加碼也

---

[*] MACD（Moving Average Convergence Divergence, 指數平滑異同移動平均線）：MACD 是從過去價格數據（大部分增加）所計算而成的 3 種動態數列，也就是 MACD 固有的「信號」、「平均值」、「差離值」。MACD 體現的是長期指數移動平均線與短期指數移動平均線之間的差異，平均值則是 MACD 本身的指數移動平均線。

[†] RSI（Relative Strength Index, 相對強弱指標）：RSI 是計算一定期間內、股價相較前一日上漲與下跌之變化量的平均值，上漲變化量大表示買超，下跌變化量大表示賣超。

[‡] OBV（on balalce volume, 能量潮指標）：OBV 是呈現交易量相關性的輔助指標。

[§] 編註：與臺股以 1「張」（1,000 股）為基本單位不同，韓國股市以 1「股」為基本購買單位。

會成為一種安慰。雖然有人會說，買了 1 萬股，結果只加碼買進 2 股是有什麼用，但這還是有助於安定我的心理。」

我很喜歡了解一間公司，也覺得這件事很有趣。我購買股票是為了與這家公司一起迎向光明的未來。企業與相信自家企業的股東，共同創造雙贏的局面，這是非常有價值的；企業主也應該要相信自家企業的價值，感謝願意將珍貴資產託付給自家公司的股東們，為了這些信任並支持自家公司的股東付出努力。只是我偶爾還是會看到不把股東放在眼裡、只顧著滿足個人私慾的企業和企業主。所謂的關係，基本上要彼此互相感謝，才能夠走得長長久久。

此外，還有一些在技術分析上看似即將要上漲，進場後卻莫名其妙讓自己吃盡苦頭的股票，其實就像是夫妻之間有八字合不合一樣，企業跟投資人之間的緣分也要對得上。不管投資什麼股票，都不能猶豫要不要懷著感恩之心繼續加碼買進。如果面對那支股票的感受，只有不安、焦慮、恐懼，無法感受到積極面的話，那麼撇開技術分析不論，這次的投入很可能會演變成一場錯誤的投資。夫妻之間若沒有對彼此懷抱感恩之心，最終也會分道揚鑣，更何況買股票的時候我們又沒有簽署不能分手的合約，如果感覺不對的話，就不該繼續執著，要懂得果斷離開。

太想賺錢，
只是折騰自己

　　大家投資股票的原因都是想要過得更幸福，但是為了幸福和家人所做的投資，也可能會成為毒藥，自我反噬。股票這把劍非常鋒利，如果無法傷到對方，就可能成為傷害自己的凶器。因此，即便我們在股市這個戰場上驍勇善戰，也千萬別忘記，自己手上的劍也可能會刺向自己。敗戰生還，至少還能再度站上戰場，但如果賭上一切又失去一切的話，可就沒有下一次的戰鬥了，最終我們只會成為理財戰場上的敗者。5 年前，我完全沒有所謂的財產，拿著用透支帳戶和把全租房換成月租房所換取的本金入門股市。有些人會問我，「你把全部資產都投進股市還睡得著哦？」我思緒本就較多，有輕微的失眠，雖然這場投資看來有些有勇無謀，但有一個我從來不會忘記的重點。

「現在這筆錢不是我的錢，是以家人的未來作為擔保借來

的錢！」

　　沒有永遠不敗的投資人，每個人都可能投資失利，但賺錢的時候
要盡量大撈一筆，賠錢的時候要盡可能降低虧損。投資股票很容易陷
入焦躁，原因出在我們都想快點成為有錢人，但是這世界上所有事情
都如我們預料般容易嗎？股票畢竟也是人生的縮影，跟我們的人生如
出一轍，在投資過程中不斷經歷各種滄桑也是一門功課，一門為了讓
我們變得更好的功課。各式各樣的經驗會在我們不知不覺間，培養出
金錢肌肉與投資肌肉，不管是運動還是投資，肌肉都必須發達才可以
提升運動的能力。不要因為投資股票賠了一點錢就灰心喪志，這世界
上不存在完美的投資人與毫無破綻的投資方法。鼎鼎大名的投資人也
經常會被套牢，也經常會賠錢。假如有人自稱自己的投資方法是最棒
的，那他可能是個傲慢或能力不足的人。我在初出茅廬時也曾認為自
己是最棒的，也曾經歷過在股票上發生口角，放聲爭論究竟誰對誰錯，
現在回想起來真的是不懂事，真令人羞愧。

　　我在這 5 年來，用別人這輩子都無法體驗過的數億、數十億韓元
賺過錢也賠過錢，我曾一天內在天堂和地獄間來回徘徊好幾次，有著
凝聚著喜怒哀樂的經驗，從中我所體悟到的是，我只不過是個平凡的
散戶，別說高手了，我只是連明天的股價都猜不到的渺小存在。恕我
重述，在股票市場裡，你和我都可能是對的也可能是錯的。在市場面
前，我們總是顯得渺小，但只要打起精神持續關注與練習，即使並不
完美，總有一天也會成為更加純熟的投資人。

設立股票投資的目標時，如果是設定「我 3 年後要比現在賺更多！」「我要成為一位不被市場狀態動搖，成熟穩重的投資人！」這種目標的話，那沒問題，但如果目標是「我一年內一定要賺到 1 億！」這種形式，那就難辦了。這個目標會使人在不知不覺間對 1 億這個數字產生執念，如果感到自己的人生比賺到 1 億的目標更微不足道，就很難熬過每次投資時出現的心理負擔和痛苦。請不要定一個過高的獲利目標來為難自己。

在我賠掉 5 億韓元、一度崩潰之際，《周易》和《明心寶鑑》這兩本書撫慰了我的內心。我一有時間就會看書，也從中獲得了許多安慰。書裡是這麼說的：

「大富有天，小富有勤。」
（大筆財富取決於天命，小筆財富取決於勤奮。）

每個月 10 ～ 20％的報酬率，是透過自己的勤奮與努力可以達成的事，再多的話就取決於天意了，無關乎我的努力和渴求。但是想成為大富之前，必須先成為小富，就像《明心寶鑑》所說的，我認為這是透過自己的努力可以達成的事。

觀察市場的情緒

　　我有時也會問自己，我能夠從股票投資大舉獲利，是運氣好還是實力好？其實我也不知道答案，我能比別人賺更多錢，應該是運氣不錯吧，但這種運氣要維持 5 年也不容易；所以該說是實力嗎？我自己也很好奇。在這個賠錢比賺錢的人更多的股票市場裡，我在某個部分比別人更加關注市場，也更努力學習，我看著報價視窗上的數字與線圖時，總是很努力在感受市場參與者們的情緒。當多數投資人只關注股價指數的時候，我付諸努力讀懂藏在指數與線圖背後、那些市場參與者們的情緒，我認為這些努力為我帶來了收益。

　　周遭很多人會問我：「要怎麼做才能跟你一樣這麼會投資股票？」這也是我最常聽見的問題之一，遺憾的是，這很難用三言兩語就解釋清楚。稍微有點股票投資的經驗後，有時候會有一些突然其來的感覺，那份感覺並不是靠學習而來的，是除了學習以外，還要再加上經驗的

積累才可以感覺得到。我認為只要持續學習和積累經驗，交易技術就會日益成熟和敏銳。

即便每天看 YouTube 頻道的高爾夫球教學，如果想要讓揮桿更精準俐落，還是要直接到練習場揮動球桿。而不管對自己在練習場揮桿的表現有多滿意，實際上到球場揮桿又是另外一回事。我也有過一兩次太過相信練習場上的揮桿，得意忘形，結果在球場上吃鱉的經驗，當時還想著「這跟我想像中的比賽不一樣啊……」真是令人不堪回首！據說職業選手會忘記自己的揮桿動作，只依靠本能，為了養成這個本能，所以持續不斷地練習。股票也是一樣，靠的不是腦袋，而是某個瞬間的感覺，什麼時候該投資、什麼時候該放手一搏、什麼時候又該耐心等待，要分辨這些，靠的不是學習，而是一種感覺。

「分辨」無法透過學習而得。當我們看著一張 K 線圖，它就只不過是一張 K 線圖，但透過線圖上的分 K，試著想像市場參與者們的情緒，就會讓平面的線圖看起來更加立體。報價視窗也是同理，我在看著報價視窗的時候也會想像參與者們的情緒。偶爾我拿不定某支股票的時候，就會做好在量價較少的股票上亂喊價的覺悟，故意買下報價視窗上 6 到 10 檔左右的股票 *，然後繼續盲目買進股票，增加倉位。如此一來，不管是還在隔岸觀火的主力，還是這支股票裡的元老，總會有人跳出來威嚇著：「你可以滾蛋或滾開嗎！」為此感到生氣。這是我自稱為「主力測試」的一種遊戲，有趣的是每個主力的個性都不太一樣，有的很細心，有的很火爆，有的則很小氣。就像這樣，我們

---

* 譯註：韓國股市不同於臺灣的最佳 5 檔，採用最佳 10 檔報價。

只要從主力如何在報價窗上交易、如何管理報價窗，就可以看出主力的個性。

我們從報價視窗和線圖上，就可以區分出主力是聰明或愚笨，如果感覺到對方的交易比我更勝一籌，我就不會做出反應，反正就算做出反應，對方也比我更聰明，最後只會上了他的當，量也只會被洗劫一空。當我感覺對方比我更強勢，我就轉為使用「犰狳（Armadillo）*作戰」。但如果使用手無寸鐵之堅持大作戰或是被套牢的時候，我就會進入百日祈禱交易模式。所謂百日祈禱交易模式，是指股票被大量套牢，沒有更多資金可以再買進股票，我能做的就只剩下祈禱和堅持。我會懇切地呼喊這世界上我所知的所有神明的名字，偶爾（？）還會向他們禮拜。

不管是指數或股票，都是數字上的波動，但是背後讓他們產生波動的終究還是人類，更準確來說，是人類的慾望與情緒。我們必須要認知到這件事，科斯托蘭尼爺爺不是說過嗎？在眾人興奮時賣出，在眾人恐懼時買進……每個人都知道這個道理但卻無法實踐，原因就在於我們無法擺脫情緒。

由於診間裡的電腦是診療專用，所以我並沒有安裝常見的 HTS†。而且我必須看診，所以不能打開 HTS，也沒有想過要打開它。過去 5

---

* 比喻陷入困境時會蜷縮在甲皮裡的哺乳類動物——犰狳的生態。
† 編註：Home Trading System，韓國券商普遍採用的電子下單系統。

年來，我都是使用手機的 MTS 投資股票，現在也已經習慣了，也不覺得有什麼不方便。我做的不是短打當沖，我的交易風格是買進股票後，短則數週、長則數月才會在適當的時機點出場，所以也不需要用電腦 HTS 的畫面監控線圖。我不會對市場的變化做出敏銳應對，也沒有時間這麼做。即便如此，我也不會觀察各種指標進行交易，只會在有空的時候打開收音機，然後進入 MTS 打開報價視窗和線圖，揣測著今天誰買了多少股，目前市場參與者的情緒是誘惑、威嚇、疲憊還是放棄。

傑洛德・羅布

Gerald M. Loeb

重點在於自我情緒的控管。
我們必須培養出，
面對停損的恐懼與更高收益的貪婪時，
得以自我控管的能力。

第 3 章

鎖定飆漲波段，狙擊手交易法

投資股票不是玩票，盡心盡力很重要

有時候我會遇到用閒錢悠哉投資的投資人，但是很抱歉，用閒錢投資的錢，最後也只能是閒錢。如果真的希望賺大錢，不管投入的資金多或少，都必須要付出一切進行投資，但即便付出一切，股票投資也不一定會成功。我的初期投資本金是 1,000 萬韓元，剛開始的 6 個月左右，我以買賣賽特瑞恩為主，投資的結果很不錯。但是某個瞬間我突然意識到，「現在的我已經不會再賠大錢了」，從這個時候開始，我便逐漸提高投資基金。幸運的是，2017 年底我透過 SillaJen 獲利超過 200%，這是我生平第一次不是透過借貸，而是真實持有屬於我自己的 1 億元。從此刻開始，我的股票投資人生正式拉開序幕。如果你是剛入門的股票新手，不論如何，你都要運用自己的 100 萬或是 1,000 萬獲利，讓身體熟悉勝利的經驗。在有了 1 億韓元的投資本金後，我才看見「原來股票真的可以賺錢，真的可以靠股票買一套自己的房子」的可能性。此後，即使沒有任何人要求我，我也把工作以外的時間全部拿來研究股票，一再投資。

你想在什麼時候，
過著怎麼樣的生活？

　　終於要開始介紹我作為波段交易人的交易技法，和一擊必殺的狙擊手交易了。不知道為什麼，一提到「狙擊手」，腦海裡好像就會先浮現電影？看著《美國狙擊手》、《大敵當前》等狙擊手出現的電影，我總是對狙擊手有著憧憬，偶爾也會想像著自己成為孤獨狙擊手的樣子。

　　在黑暗之中屏氣凝神瞄準目標的狙擊手！子彈只有一顆，扣動扳機後遊戲就結束了。但狙擊手在扣動扳機的瞬間，就會暴露出自己的位置，不是打中目標，不然就是因位置暴露、束手無策被包圍至死，結果非一即二。狙擊手會為了剎那的瞬間、為了射出這一發子彈，而等待好幾天。

「If you had one shot or one opportunity to seize

everything you ever wanted in one moment, would you capture it or just let it slip?」（假如你有一次機會或機遇，能讓你在一瞬間獲得想要的一切，你會把握住或只是與它擦肩？）

——電影《街頭痞子》主題曲〈Lose Yourself〉歌詞

　　我的交易風格隨著時間推進也改變了許多。起初我沒有特別的計畫或想法就隨便囤股，買了又賣。也曾在早上看到交易爆量的、或新聞速報上出現利多的股票，就直接進場短打，結果被套。這種方式的交易跟我的生活方式不合，經過無數次試驗（被慘虐的故事），我得出的結論是「短打和短期波段不適合我！」對於上班族投資人來說應該也是如此，要根據變動即時做出應對的短期交易，怎麼說都很有難度，因為我們沒有時間也沒有空閒整天盯著報價窗。

　　買進多支股票後，我發現需要長時間等待的交易也不適合我，更重要的是，這種方式與我想要透過股票理財賺大錢買房子的目標相差甚遠。我尋找著可以在不妨礙工作的狀態下投資的方法，在工作與投資並行的情況下，好像自然而然地就形成了現在的交易風格。我個人拒絕使用投資組合進行投資，因為這與我所追求的高收益差距過大。投資組合這方法對於想在避險的同時又追求穩定收益的投資人，特別是持有大量資金的投資人而言，可能是個有用的方法。但初期幾乎是兩手空空的我，根本沒有資金去對沖股票投資的風險。大家都說，人生在於選擇與專注，而我選擇了一個「兼具選擇與專注的方法」。我曾背負著 3 億韓元的債務，償還債務的方式有兩種，減少開銷、勒緊

褲帶償還債務，以及利用本金投資償還債務，甚至可以進一步買到房子。在這兩種方法中，我選擇了後者。為了可以每年至少獲利 1 億韓元以上，並在數年內買到房子，我一次只交易 1 支股票，全神貫注。有的人能夠投資一天之內能賺大錢也能賠大錢的股票，其實這也反映出了這位投資人的個性。投資技法一定會反映出自己的個性，考慮到我的個性、資金狀況與生活模式等整體因素，「一次選 1 支股票的一擊必殺狙擊手交易法」就這麼出現了。集中不充裕的投資基金，進行為期短則 2 週長則半年左右的觀察，在股票能量爆發之際，跟上行情從中獲利，就像是一位瞄準目標的狙擊手。

我個人覺得這個方法讓我最舒心，結果也最好。超級散戶南錫寬老師在著作《讓你一輩子當個有錢人的股票投資》（暫譯）中診斷過韓國的市場，他說道：「韓國股市的趨勢變化非常快速，題材也經常變換，很難實現半年以上的長期投資。」從這個層面上看來，我的狙擊手投資法是在 6 個月內決勝負，我認為它是符合市場狀況的投資方法。我們之所以要關注市場與股票，就是為了察覺市場所發出的些許信號，如果不仔細觀察就很容易錯過。不管什麼股票都必定會有一套模式，只要脫離了這個模式，就是變化即將來臨的信號，身為股票投資人務必要牢記這點。

我一年最多也就交易 3 到 5 支股票，短的話 1 個月，長的話視情況會投資長達 6 個月。我並不是從買股票開始就決定好要投資多久，但是我會根據當時的情況，如果股價已經到達我某個程度上的期望，我就會賣掉退場。其實我開始投資股票到現在，市場的狀態大部分都是處於反覆下跌和橫盤的時期，當然不包含 2020 年 3 月到年底的這段

時間。我前面也曾提到，在大家都大舉獲利的市場裡，我並沒有嘗到太多甜頭。總而言之，我之所以可以在反覆下跌與橫盤的熊市、箱型市場中獲利，是因為我選擇了在個股行情快速上漲的 1 到 3 個月內獲利並拋售的策略。過去 5 年來，我一直保持著股票 100%、現金 0% 的配置，開始投資的第三年後開始，我也會部分運用信用交易。除非是特殊情況，否則我總是維持著現金 0%、股票 100% 的狀態。我很清楚知道現金比重要維持在 40% 左右的建議，但是因為我「不成功，便成仁」的個性，我總是把持有的現金全數拿來投資。我之所以可以這樣做的原動力，一部分來自於對自我能力的肯定，即便股票 100% 中出現 5% 或 10% 的虧損，我也會在定義好的原則下停損，因為我不會逃避停損，有承擔責任的覺悟。

在下跌與橫盤、箱型中上下波動的市場裡，我只選擇交易上漲的股票，從中獲利，但我並不是什麼投資天才，只是可以隨著大盤的特性或題材，即時做出改變和良好的應對。我認為這個方式很適合難以做長期投資或價值投資的韓國股市，實際上，想要在韓國股市裡進行長期投資或價值投資，比想像中困難許多。

為了讓內容呼應本節主題「你想在什麼時候，過著怎麼樣的生活？」我去翻閱了關於我過去交易方式的資料，坦白說，沒有所謂定型化的公式，也就是幾乎沒有什麼「在這個時候買進、在這個時候賣出」。雖然這是我個人的想法，不過我認為有些人所說的「個人投資準則」，大部分不是為了賺錢，而是為了避免過大的失誤所採取的防禦技術，不賠錢、只賺錢的完美原則根本不存在。不過，我在回顧自己過去的交易時，發現了一些共同點。我基本上都是在長期均線從空

頭排列轉多頭排列的區間內大量進場買進，接著等待行情在多頭排列時爆發，利用一口氣拋售所有股票的狙擊手交易從中獲利。例如，先讓我們看一下 2019 年愛茉莉太平洋的日 K 吧。

2019 年 8 月，投資人的恐懼達到極致，由於愛茉莉太平洋先前發表的季銷售表現不佳，股價就好像要跌破地板一樣，一蹶不振，不斷走跌。8 月初，股價來到最低價 11 萬 8,000 韓元，接著首先出現 5 日線突破 20 日線的黃金交叉，爾後又突破 60 日線與 120 日線，均線從

〈圖 9〉愛茉莉太平洋日 K（2019 年 5 月～ 2020 年 2 月）

空頭轉多頭排列。我在空頭排列的區間、股價低於 15 萬元時進場,接著在轉多頭、股價落在 20 萬元左右的區間出場,以期間來說就是 7 到 12 月的這段時間,總共獲利 3 億元。但這次的交易我並不是那麼滿意,詳細內幕我會在〈害怕就是一死!強制拋售的回憶〉一節中再告訴各位。讓我們看到另外一張線圖吧,這是我 2021 年 2 月至 5 月初所投資的 FILA。

從長期均線上可以看到,5 日線與 20 日線雖然為空頭排列,但 60

〈圖 10〉FILA 日 K(2020 年 11 月～2021 年 8 月)

日線和 120 日線仍為多頭排列。這張線圖另外一個特徵是，均線都聚集在一起。均線聚在一起代表著什麼意義？均線聚集的時候，若股價上漲，受到強勁的壓力線影響向下跌破時，均線將會成為強勁的支撐線。因為均線是所有人都知道、所有人都想守住、所有人都想在這個價格上買進的線。雖然這些話屬於結果論，但是 FILA 在新冠肺炎大流行的狀態下依然屹立不搖，隨著美國子公司高仕利的高爾夫產品銷量爆發，股價在 5 到 6 月的 2 個月之內行情高漲，均線從部分空頭排列轉為多頭。股票投資裡，觀察均線固然重要，但要不斷想像未來均線的排列會如何改變，才可以為投資帶來助益。股價時時刻刻都在變化，均線是過去價格的平均，股價如果下跌，均線就會走跌，股價如果上漲，空頭排列就會轉為多頭。

此外，當均線呈現多頭排列且間隔拉開時，代表價格已經上漲。股票投資的目的在於獲利，多頭排列的股票加上間距拉開的話，大多表示行情已經走完。當然也有在多頭排列的狀態下，利用飆漲的股價進行回檔操作的技法，但我非必要不太會使用。因為行情已經湧現，如果一口氣大量買進，稍有差池就會被大量套牢……。所以我個人較偏好盡可能一口氣在低檔大量買進，然後賣高後再退場。由於我會投入鉅額款項，如果在回檔交易中出錯，就很可能會在無法停損的狀態下，成為一條針扎鼻孔、十分淒涼的魚了。

我在投資股票上謹遵在心的買進原則之一是——那些股價已經上漲的股票、昂貴的股票、飆漲過後行情湧現的股票，不論有著多麼美麗動人的粉玫瑰色願景，我都要知道，它們不屬於我，絕對不可以碰。當然，即便是已經漲過的股票也可能繼續上漲，有句股票格言就說「漲

還會再漲」，但漲過的股票，也有更高機率大幅走跌。我的投資風格是一口氣投入所有資產，我認為上漲空間有限、下方門戶大開的股票並不適合我，所以不碰。如此一來，不管長紅K線再怎麼誘人，我都可以自我控制。也許，不碰已經漲過的股票，是我可以賭上全身家當投資了5年，卻沒有家破人亡、得以生存的最大原因。我只會在值得一決勝負的區間與價格上決勝負，儘管已經漲過的股票還可能再漲，但抱持著已漲過的股票不屬於我的心態進行交易，絕對不會失足被套或是成為一夜赤貧的乞丐。

狙擊手不會輕易發射子彈，那麼我們到底要在什麼時候、什麼狀況下決勝負呢？我個人決勝負的區間，落在股票看起來富有吸引力、股價下方固化但上方門戶大開的區間。下方固化代表股價跌到水準之下，雖然身為散戶的我會虧損，但主力同樣也會虧損。然而，已經漲過的股票如果下跌，較晚進場的散戶當然虧損，而行情已湧現過了，對長期收購股票的主力而言，不論何時出售都屬獲利區間。在這種區間裡，當我買進股票被套牢、無法出場時，主力們卻可以隨時退場，可以說在進場的瞬間，就形同我把自己推向不利的環境，取勝變得更加困難。反之，倘若是股價下跌後處於我虧損、主力也虧損的區間中，而這支股票又前途光明的話，只要主力沒有放棄，那股價就很難跌破一定水準。在這樣的區間內，我就會抱持著「有種就讓股價再繼續跌啊！」的想法，賭上一切進行投資。

即便觀察線圖、看準進場時機，也不代表線圖分析永遠都是正解。我想說的是，股票投資是一門綜合的藝術，絕不能只靠片面判斷。在「何時要買進」的問題中，線圖只是基本的基礎變數之一，更重要的

地方就如天地人選股法中所述，還要了解目前的市場狀況、現在的綜合指數，以及該股票在當今產業中所屬的相關領域，然後再觀察線圖，下最終的判斷。狙擊手決定在什麼時候發射子彈是一件攸關性命的事，絕對不要光看線圖就千篇一律地決定是否要進場。

你要投資多少錢？
你承受得住嗎？

　　我是散戶，當然是想透過股票賺錢的那種散戶。雖然這麼說有點失禮，但我認為坐擁大量資金與靈通消息的機構或外資，就算稍微被套牢也沒關係，他們在勢力與資金面上都與散戶不可同日而語。除此之外，他們也持有多支其他股票，這支股票下跌，只要在另一支股票上挽回就行了，假如他們在某支股票上被套牢 100 億，也只要再多投入 100 億攤平就好（投資業界的相關人士看到這篇文章可能會生氣，但老實說，從散戶的角度看來就是這樣）。但是，散戶大部分都是賭上性命在投資的，一旦虧損就玩完了，不但生活忙碌，投資的資金也有限。

　　我的初期投資本金是 1,000 萬韓元，剛開始的 6 個月左右，我以買賣賽特瑞恩為主，投資的結果很不錯。但某個瞬間我突然意識到，「現在的我已經不會再賠大錢了」，從這時候開始，我便逐漸提高投資基

金。幸運的是，2017 年底我透過 SillaJen 獲利超過 200％，這是我生平第一次不是透過借貸，而是真實持有我自己的 1 億元。從此刻開始，我的股票投資人生正式拉開序幕。如果你是剛入門的股票新手，不論如何，你都要運用自己的 100 萬或是 1,000 萬獲利，讓身體熟悉勝利的經驗。在有了 1 億韓元的投資本金後，我才看見「原來股票真的可以賺錢，真的可以靠股票買一套自己的房子」的可能性。此後，即使沒有任何人要求我，我也把工作以外的時間全部拿來研究股票，一再投資。有時我會遇到用閒錢悠哉投資的投資人，但是很抱歉，用閒錢投資的錢，最後也只能是閒錢。如果真的希望賺大錢，不管投入的資金多或少，都必須要付出一切進行投資，但即便付出一切，股票投資也不一定會成功。

另一方面，因為這章節要討論「要投資多少錢」，對於一個不懂事、5 年來都在同一支股票上投入全部財產的投資人而言，我非常苦惱自己究竟要給出什麼建議。儘管如此，若真的要建議，我會勸剛開始投資的投資人，利用每個月收入 1 到 3 倍左右的資金嘗試投資。

剛開始投資股票，如果幸運賺了一點錢，就很可能會高興得太早，或出現確認偏誤，自以為「我難道是韓國版彼得·林區（Peter Lynch）或喬治·索羅斯（George Soros）？我的才能原來是股票投資，我一直以來都在幹嘛？」但隨著帳戶的顏色變得越來越綠，就會開始進入自責模式，責備自己「做事都虎頭蛇尾……」。投資初期，比起賺錢，應該要先做好會賠錢的心理準備，抱持著就算賠錢也會學習到什麼的心態進行投資，這樣心理上會比較輕鬆，所以投入月收入 1 到 3 倍的資金較為適當，即使全部賠光，抱持努力工作 3 個月就可以償還的覺

悟進行投資，應該較不勉強。雖然每個人都是懷抱著夢想與希望開始投資，但重點在於有沒有認知到，出錯的時候我們還是必須自己承擔的現實。還有一點，如果從一開始就先賠點錢，才會知道股票的可怕。在股市中最危險的就是初生之犢不畏虎的這類人，我自己在初生之犢的時候也是不懂得害怕。這其中又特別以有點錢的新手最危險，這是什麼意思呢？假如像 2020 年一樣股票大好的時候，篤信著「誰都能賺到錢」而踏入股市，在忘卻自己是初學者的情況下，以億為單位交易著三星電子、海力士、LG 化學，從中大舉獲利，看著股票日益增加的收益，埋怨著自己怎麼一直以來活得像個傻瓜。

「我是天才吧，怎麼這個時候才發現我有這種才華！才投 1 億就賺這麼多，那投 5 億的話結果會怎樣？應該就可以不用工作了吧！」

不滿足於自己的獲利，最後把所有可以用的錢都拿來投資股票，但不知怎麼回事，2021 年 3 月起大盤開始走空。有錢的新手以為股票下跌時要再多買一點，深信股價之後會反彈，即使被套牢也還是繼續投入資金。「這支股票是績優股、是價值股，一定會再上漲的吧！」集結成隊徘徊在三星電子的每篇相關報導，大喊著「衝吧！打倒空軍！」結果在不知不覺間成了一位社運人士。股票有時會連人的信念也一起改變，這真是令人哭笑不得的現實。

剛開始學習股票投資，賠錢可能比賺錢更好。用一筆不會太負擔的資金開始投資，體驗賠錢和虧損，從中了解股票的可怕，在這當中

認真觀察股價上漲的可能性。沒有比一開始投資就大舉獲利更危險的事了，有很多人不知道股票有多可怕，盲目投入資金，最後付出高額學費，離開市場。我想說的是，當我們所選擇的行為可能出錯時，要先預測後續會發生什麼結果後再來投資。我要透過投資股票賺多少錢的期望固然重要，但更重要的是衡量事情出錯時，我能夠損失多少，以及是否能承擔得住。要求大家在投資之前先去思考怎麼賠錢，確實是有些尷尬，但拳王麥克‧泰森（Mike Tyson）也說：「每個人都已經做好了計畫，直到他們被一拳打在嘴上。」電視劇《Sky Castle》的金珠英也曾嘴角毫無笑意地問道：

「你承受得了嗎？」

我想告訴大家的是，與其陶醉於尚未到來的勝利，在事情出錯的時候，負責任的態度更加重要。不論是要追漲停板還是跌停板，都是投資人的自由。這市場上沒有絕對的規則，我們需要思考的是，當自己的選擇錯誤時，自己是否可以負起責任。現金不夠，還使用信用投資進行代墊，假如隔天股票大跌帳戶歸零，這就不是一個正確的投資。假如真的透過這種投資方式賺到一兩次大錢，這筆錢也很快就會因為失誤而灰飛煙滅。投資高手與實戰投資人之中，因為使用自己無法承受的金額進行投資，最後失敗退出市場的人比比皆是。

我經常確認自己的底線。比起面對順利時散發出粉紅色泡泡願景，雖然痛苦，但我不會逃避，會試著正面去面對，去思考倘若我失去所有以家人的夢想作為擔保的投資資金，會發生什麼樣的事。如果願意

為此負起責任，我認為這就不是一場盲目的投資。至於可以負起多少責任，會因為自身所處的狀況、職業、財產多寡而有所不同。我個人認為，拿股票虧損時自己可以承擔的金額多寡作為基準，才是合適的投資金額。

剛開始投資時會執著於報酬率，由於本金不夠，我也會夢想著把收益放到最大化。但是等本金慢慢增加後，比起夢想著一口氣大賺一兩倍，相對來說我更喜歡 10 ～ 20％少少的報酬率，也更偏好於投入大筆資金，在一兩個月內能大幅獲利，且成功機率較高的交易方式。

錢也有個性

　　錢並不是都一樣是錢，沒耐心的錢戰勝不了有耐心的錢，就像有句話說：「股票要賺錢不是靠腦袋，而是要靠屁股。」股票投資是一種等待，有時候需要長時間的等待，等待的時間有時是幾分鐘，有時可能是幾年。外資、機構、主力們之所以能夠戰勝散戶，就是因為他們的錢比散戶的錢更有耐心。所以說，錢的個性也可以分成有耐心和沒耐心，各位的錢又是屬於哪一種個性呢？

　　把有期限的錢拿來做中期或長期投資，必定會失敗。假如現在股價處於負成長，即便你相信只要撐到最後股價一定會反彈，但倘若出現了不得不撤出資金的情況（比如償還貸款等），最後還是只能把再等一下就會上漲的股票賣出，承擔虧損。偶爾新聞上會出現銀行的信用貸款或證券公司的信用融資人數高達數兆韓元規模的消息，我也曾使用銀行貸款，更曾把全租房換成月租好拿押金來投資，所以對此我無法多做評

論，但要使用自我管轄範圍以外的資金時，真的要非常慎重。倘若銀行貸款利率是 3%，期滿時間是 1 年，那就還算是保守了。

　　投資新手如果使用利率 8%、3 年期滿的信用融資，真的很難從中獲利。使用 8% 的信用融資，簡單來說就代表投資的起點是 -8%。利用融資的錢購買股票，感覺上好像可以迅速成為有錢人，但假如股票走跌的話會發生什麼呢？在股票虧損的狀態下還要支付利息，隨之而來的是雙重的負擔，如果心臟不夠強，就免不了精神崩潰。如果是自己的錢被套牢，只要等待與堅持，機會就可能會到來，但若是信用融資被套牢，稍有差池遭強制拋售的話，帳戶就會成為空殼。所以這樣計算下來，使用證券公司的信用融資必須非常慎重，至於超短期的 3 天代墊交易，我認為最好是碰也不要碰。

　　對證券公司來說，用戶越常使用短期交易，借越多錢出去，收益就越高。所以他們會盡可能引導我們經常使用短期投資，並鼓勵我們借錢交易，但事實上散戶要透過這種交易方式獲利並不容易。說個題外話，我還是股市新手的時期，我明明沒有申請，卻交易了高於我所持有資金的股數，確認之下才發現，MTS 買進設定的預設就是鼓勵使用信用交易的系統，所以被設定為用大於我持有資金的金額買進股票。

Swing Trader's Tips

我為了想快點賺到錢在首爾買一套房，所以使用了比較不適當的方法。我利用貸款增加本金，投資經驗 3 年之後，我以股票

作為擔保，使用了利息 7 ～ 8％的信用融資開槓桿。因為投資標
的正確，雖然從中獲得不錯的成績，但是我不想推薦大家使用
這個方式。以我自己來說，進場之前雖然會做個股分析或研究，
但我還是會在腦海裡想像，假如事情不盡如人意，我能夠承擔到
哪個程度，當然這當中還包含了點迫切和真摯。我的方法簡單概
括如下。

在我的一擊必殺狙擊手交易中，首先我會在自己認為是打點的
地方進行第一次買進，信用融資的部分則是先等待，當我認為
是打點的部分又再度下探時，若我判斷要繼續堅持而非停損，
就會申請信用融資。或者我會先使用本金投資，如果立刻就有
獲利，我就會把這筆獲利當作緩衝，採用承擔相當於獲利的信
用融資負成長策略，利用信用融資加碼買進，也就是在韓國我
們經常說的「放火」（即便股票價格高於均價，還是繼續加碼
買進的行為）。

　　綜上所述，我想再度強調，進行信用融資交易務必要慎重。特別
是投資新手在每個月平均報酬率可以持續達到幾％以上之前，最好先
忍耐，不要使用信用融資。如果你認為自己的實力可以在支付 8％利
息的同時，在 3 個月內獲利，那我並不會阻止你，但是一定要仔細計
算利息與股票虧損到達哪個程度時，會遭到強制拋售。

害怕就是一死！
強制拋售的回憶

　　前面我提到自己透過愛茉莉太平洋獲利 3 億元的經驗，雖然獲利，卻對此次交易感到不滿足，現在我就是想談談件事。我在判斷這支股票處於地板價的位置，用現金買進了這支股票。但行情竟然開始走跌！所以我便認定這裡就是最低點，果斷使用了信用融資！結果卻是股價無可奈何的持續下探，現在回想起來，買進愛茉莉太平洋之前，我當時處在前兩次交易大舉獲利的狀態，使得我在不知不覺間盲目相信了自己那微不足道的實力。忘了謙虛、過度張揚，混淆了自己的判斷。結果預估損益一度下探負 7 億，我便提前打了一通電話給證券公司。

　　「您好，這裡是○○證券公司，有什麼可以為您協助的嗎？」
　　「呃，你好……我想查詢我的帳戶，還要再跌幾％才會被強制拋售呢？」

「不好意思，因為您的帳戶股票數量不止一兩筆，我們沒有辦法逐一為您確認。」

此時傳來一個有點慌張的聲音。

「那個……我……只有一支股票。」

「什麼？您只有買一支股票嗎？」

「對……我只有買一支股票，一支現金 15 億元加上信用融資 10 億元，總共價值 25 億元的一支股票……」

「是嗎……那您稍等一下。這支股票如果再下跌 7％ 左右，就可能會被強制賣出。」

「好……謝謝。祝您有愉快的一天。」

雖然股票發生虧損，但我並不想逃避。如果是我的失誤，如果我的實力就只到這裡，我很願意承受相對應的懲罰。我認為與其逃避現實，想著「不至於被強制賣出吧？」還不如直接打通電話，了解確切還有幾％會遭受強制賣出，面對現實會更好。原本賠了 7 億元的帳戶，我在 2 個月後以 3 億元停利，等同於是換回了 10 億元。雖然我從中獲利，但我至今還是認為當時的交易是一場敗筆，一場徹底失敗的交易。

據說日本傳奇麻將高手櫻井章一拒絕以陰招取勝的誘惑，也就是說，在錯誤的趨勢下使用錯誤的手段，就算最後獲得勝利，也不要因此自滿。在愛茉莉太平洋的交易中，我雖然獲利 3 億元，但是從過程

看來，我是在錯誤的趨勢中使用了錯誤的手段，因而陷入苦戰，我真的是靠著運氣才賺到錢。接下來我說的是以前發生的事，信不信取決於各位。我曾經和操縱愛茉莉太平洋的主力在線上透過留言對話，某位不知名的主力對我這麼說：

「你不是會投資股票，你只是一個不服軟的散戶而已！」

他說的沒錯。愛茉莉太平洋能獲利不是因為我很會操盤，我只是用我的倔強戰勝了恐懼，在正確的趨勢下用正確的方式獲利，才是一位真正的高手。在極端的情況下使用不對的方式，最後是因為情勢改變而獲利，這樣很難被稱之為高手。這讓我想起了電影《老千》中高尼所說的話：

「害怕就是一死！」

但這就只是一句電影臺詞。我們應該打從一開始就不要讓自己陷入害怕的狀況，所以說，要成為高手並不容易，從這層面說來，我的交易手腕仍是青澀而有所不足。

K線斜度變化，
透露加碼時機

　　我在買進任何股票之前，都至少會先等待並觀察 1 個月左右。在這 1 個月裡會出現無數次的 up & down。散戶只要看到股價下跌 3 天，就很容易被動搖，而我在股價下跌的時候，當然也會不太高興。我在觀察股價時，主要以日 K、週 K、月 K 為主，盡可能從大方向觀察，買進股票後，只要日常生活中有多餘的錢，都會再追加買進幾股，中間不會再進行買賣，我偏好一邊觀察一邊感受我所選擇的股票的走勢。不管再好的股票，也不可能總是上漲，就好比艾略特波浪理論的一波、二波、三波，中間一定都會經過盤整。艾略特波浪理論的盲點在於，必須事過境遷之後才能明確看到波動，倘若身在其中，就無從得知我現在處於波浪的中間還是末端。這世界上沒有百分之百穩妥的技法，如果真的有，我早就百戰百勝，把全世界所有的錢都放進口袋裡了。

　　我在投資的中途，如果有加碼買進幾股，或是稍微調整倉位增加

股票數量，我就會以分 K 取代日 K 加以應對。我在清倉之前，寧可加碼買進也不太會賣出股票（偶爾會因為信用卡費或稅金無可奈何必須賣掉幾支股票），而我加碼的標準，就是我作為基準線的 K 線，以 60 分 K 線舉例，比起觀察 K 線的起落，我更專注於觀察 60 分 K 線上方 5 分 K 線的傾斜角度變化。不管是 5 日線還是 5 分 K 線，都是取 K 線的平均值所標示而成的，當傾斜角度彎曲，就代表後續的方向將會改變。所以說，當股票的 5 日線傾斜度變平，或是 60 分 K 上方的 5 分 K 線傾斜度上升後轉平，或者是下跌後轉平，只要感覺到神似暴風雨前的寧靜感，我就會開始緊張，因為這份寧靜，是後續波動即將展開的徵兆。*

　　搭配交易量來看的話，有的進場時機點是落在股價上漲好一陣子接著又下跌，交易量觸底變得一片寧靜的時候，大部分情況下，這個時間點過後股價就會出現拐點。走跌的股票中，比起把握陰線與交易量同時爆發的時機點，大部分的進場時機都落在後續交易量減少後又再度增加的時間點。上漲的股票進行盤整時，股價大幅波動後隨著分 K 線聚集，在股價沒有大幅波動或沒有交易量的情況下，均線匯集、養精蓄銳的時候就是暴風雨的前夕，此時大多都是加碼的時間點。還有一點各位務必銘記在心，每一支股票、每一個主力，就算是同一支股票，每個情況下適用的基準分 K 都可能會不同。有的時候我們必須以 120 分 K 做應對，有的時候是 15 分 K，甚至還有可能使用 3 分 K 線。股票沒有像萬靈丹一樣可以貫徹始終的原則，只不過交易時若能記住股票的取向，將會對投資有所助益。

---

* 關於 60 分 K 線與 5 日線傾斜度的說明，請參考〈狙擊手實戰案例 2〉。

SK Bioscience：
蝴蝶般買進，蜜蜂般賣出

　　下頁的表格，是我的 SK Bioscience 交易明細。我在 2021 年 7 月 7 日股價 16 萬元中間左右的位置，以現金和信用融資買進了 8,335 股、14,991 股、2,036 股。

　　後續股價下跌至 15 萬 5,000 元的時候，我又繼續買進 1,093 股、2,095 股、120 股、26 股。坦白說我並不擅長計畫分批買進，只要看起來是進場的區間，不管上漲或下跌，我都會持續買進，我不太會使用別人口中那種「把現金分成三等份，有計畫地分三次買進」的方式。從表格上可以看到，我在 7 月 7 ～ 8 日 2 天內幾乎完成了大量買進，接著到 7 月 12 日為止進行了加碼買進。我的交易明細裡，令人無語又搞笑的部分在於 7 月 21 日我用 15 萬 6,600 元買進 1 股、8 月 5 日用 19 萬 2,500 元買進 1 股、8 月 11 日又用 23 萬 2,000 元買進 1 股。可能是原本我的帳戶餘額不到 15 萬元，無法加碼買進，但可能後來帳戶進帳

〈表〉筆者的 **SK Bioscience** 交易明細（**2021** 年 **7** 〜 **8** 月）

交易日期	內容	單價	數量
2021 年 7 月 7 日	股票買進 / SK Bioscience	166,931	8,335
2021 年 7 月 7 日	股票買進 / SK Bioscience	167,353	14,991
2021 年 7 月 8 日	股票買進 / SK Bioscience	166,991	2,036
2021 年 7 月 8 日	股票買進 / SK Bioscience	167,396	260
2021 年 7 月 9 日	股票賣出 / SK Bioscience	165,021	1,093
2021 年 7 月 12 日	股票買進 / SK Bioscience	158,572	2,095
2021 年 7 月 12 日	股票買進 / SK Bioscience	158,500	120
2021 年 7 月 14 日	股票買進 / SK Bioscience	157,731	26
2021 年 7 月 15 日	股票買進 / SK Bioscience	155,500	2
2021 年 7 月 21 日	股票買進 / SK Bioscience	156,600	1
2021 年 7 月 23 日	股票賣出 / SK Bioscience	156,600	5
2021 年 7 月 27 日	股票賣出 / SK Bioscience	157,500	2
2021 年 7 月 28 日	股票買進 / SK Bioscience	158,500	32
2021 年 7 月 28 日	股票買進 / SK Bioscience	157,500	6
2021 年 7 月 29 日	股票買進 / SK Bioscience	163,000	1
2021 年 7 月 30 日	股票賣出 / SK Bioscience	161,500	1
2021 年 8 月 3 日	股票買進 / SK Bioscience	170,500	9
2021 年 8 月 3 日	股票賣出 / SK Bioscience	168,000	3
2021 年 8 月 4 日	股票買進 / SK Bioscience	176,939	98
2021 年 8 月 4 日	股票賣出 / SK Bioscience	182,625	16
2021 年 8 月 5 日	股票買進 / SK Bioscience	192,500	2
2021 年 8 月 5 日	股票買進 / SK Bioscience	192,500	1
2021 年 8 月 9 日	股票買進 / SK Bioscience	215,500	1
2021 年 8 月 10 日	股票買進 / SK Bioscience	220,000	1
2021 年 8 月 10 日	股票買進 / SK Bioscience	226,500	1,766
2021 年 8 月 11 日	股票買進 / SK Bioscience	232,000	1
2021 年 8 月 12 日	股票賣出 / SK Bioscience	290,147	12,550
2021 年 8 月 12 日	股票賣出 / SK Bioscience	290,126	8,617
2021 年 8 月 12 日	股票賣出 / SK Bioscience	276,000	300
2021 年 8 月 19 日	股票賣出 / SK Bioscience	289,500	1

15 萬，或是我把錢包裡的現金轉到帳戶裡，於是又多買 1 股。也許有人會說：「你都已經持有幾萬股了，區區那 1 股可以幹嘛……。」但是，每當有閒錢，就算只能買進 1 股也要全部掏出來的真心誠意，這樣付出一切的心態非常重要。我認為就是這種迫切的心態才造就出了今天的我。

從表上可以看到，我在 15 ～ 16 萬的區間裡，花費了約 5 天的時間買進，接著在我認為已經賺得差不多的時候，於 8 月 12 日毫無懸念地將所有股票賣出。我一旦買進股票，就會像緊咬著獵物的獵犬一樣，緊咬著不放，但拋售的時候，也會一刀兩斷頭也不回。人的慾望永無止盡，只要自己滿足了，下定決心不會後悔，什麼技術指標的都不重要。我在一天之內拋售了 21,467 股，從表上可以看到我在 8 月 19 日賣出了 1 股，由於這些日子來已經對這支股票產生感情，這是基於捨不得分手所留下的 1 股。我賣出股票後，這間企業的股價經過 3 天盤整，在 8 月 17 日盤中一度衝上 36 萬 2,000 韓元，留下 1 根上影線。但我尊重當時自己認為要賣出的判斷，至今也不曾後悔。散戶螞蟻要想一路吃到最後，肯定會出毛病，不論技術指標的賣出信號怎麼說，我只要獲得自己滿足的收益就足夠了，更何況當時我已決定好下一支要投資的股票了。

即便證券帳戶上顯示著大筆金額，也要實現收益把錢納到戶頭裡，才真的算是自己的錢。之前投資某公司的時候，證券帳戶的股票預估損益一度有 22 億之多，但是不過幾天，股價就像是退潮般下跌，萎縮成了 17 億，我捶胸頓足，非常後悔當初沒把股票賣掉。

股票的預估損益就真的只是預估的金額，不是我們手上的錢，但

〈圖 11〉SK Bioscience 日 K __ 2（2021 年 4 月～ 9 月）

是會讓我們誤以為自己好像賺了一筆大錢。我們不是神，再厲害的高手也沒辦法將股票賣在最高點，所以才有人說「賣出很難」，太早賣也後悔，太晚賣也後悔！賣出股票這件事，就跟結婚如出一轍吧？

做了也後悔，不做也後悔……關於賣出更詳細的解釋，我會再另外的章節跟各位分享。

狙擊手實戰案例 ❷

魁匠團：
站在散戶的對立面

　　大部分的散戶，都不是在股市裡賺錢後離開，而是虧損後離去，在股市裡長存並回本的散戶只有前 10% 的人，再者從中賺大錢的散戶真的是少之又少，雖然這段話很殘忍，但這就是現實。我當然也是散戶，但我會努力在買進股票的時候，站在散戶的對立面，也就是以大戶或主力的立場觀察股票。我會想像自己如果是主力或大戶，要怎麼做才能讓散戶內心煎熬，要怎麼操作股票才能讓散戶們倍感痛苦，然後確認目前的大戶與主力是否真的以這種方式操縱著股價。

　　說到底，股票就是有人買高賣低而虧損，其他人買低賣高而從中獲利的遊戲。在這場遊戲裡，占優勢的人就是資本高、消息靈通的大戶，絕對不是散戶。散戶們一撐再撐，撐到渾身精疲力竭、選擇停損離開市場的時候，有很高的機會就是低點，我會等到這時再買進。特別是當股價無情崩跌，市場充滿恐懼，卻有人在收購股票，或者我感

受到有股無形的力量在接收這些股票，我就會試著與他們站在同一陣線，而不跟散戶站同一邊。我在準備買進盤整的股票時，會先觀察線圖上恐懼的情緒是否已經過去，這裡我指的是，當大家都認為股價見底加碼買進結果停損，強制賣出席捲而過的區間，以及有人接手股票後，股價緩緩上漲的區間。

我在寫書的這段時間，依然有持續投資，也依然維持著一次只選1支股票，這支股票正是魁匠團！這支股票上市之後，別說是翻倍漲停了，連一開始的公開招募價都達不到，當天以48萬韓元的價格開盤，接下來的3天內，股價無情下跌至40萬2,000韓元，我屏氣凝神地觀察著。我判斷股價從低點40萬2,000韓元開始反彈，2021年8月13日股價坐落於42～43萬韓元的區間內，我使用現金與信用融資，總共買進12,692股。當輿論連日大幅報導魁匠團股價被高估，上市翻倍失敗、中國遊戲制裁等利空消息時，市場的恐懼達到了極致。當散戶和輿論異口同聲說著這支股票極其危險的時候，我一個人靜靜觀察著事情的真相。真的是這樣嗎？我雖然沒有玩過《絕地求生》，但我在 YouTube 上看過很多玩這款遊戲的影片，也知道他們將在2021年10月或11月左右推出新作《未來之役》。而中國對未成年者玩遊戲進行制裁，真的是大利空嗎？是利空沒錯，但由騰訊提供服務的中國版《絕地求生：和平精英》中，未成年者占比銷售的比例不到5%，如此的貶值和股價崩跌似乎是不合理的。就算輿論充滿著利空，不管其他人怎麼說，我都還是以自己的主觀判斷進行投資。

我關注的是魁匠團的實驗精神，以及引領《絕地求生》的 PUBG 故事撰寫能力、涵蓋《未來之役》世界觀的電影動畫預告插圖，還有

今後拓展到音樂與電影內容的可擴張性。電影公司間最棒的人才都集中在魁匠團，它也是在全球擁有最多用戶的韓國公司，我相信這將成為日後魁匠團進軍元宇宙、NFT 等新事業，以及在拓展現有 IP 上，非常可觀的無形資產。若不要想得太複雜，單純從銷售額與營業利潤上看來，我認為魁匠團下一季的會比上一季更好，明年也會比今年更優秀。輿論連日以來的利空，申請公開招募股以及用開盤價買進的散戶，為了停損忙得不可開交。但在我眼裡，魁匠團與 PUBG 卻是默默走在一條無人道路上，非常具有潛力的企業。

　　以技術分析來看，8 月 12 日的交易量相較前日銳減，我認為股價觸底來到 40 萬 2,000 韓元。接著 8 月 13 日上漲至 42 萬，60 分 K 線圖上 5 日線傾斜，數量開始湧進，我從 42 萬元開始（請參考〈K 線斜度變化，透露加碼時機〉）積極買進。我觀察了一下報價視窗，市場正以強勁的買勢消化著 42 萬元整數（round figure）部分的賣壓壁壘，我決定開始下注。除了要買房子的大筆資金以及為了分散風險，不得不從 50 萬元開始賣出的股票以外，我至今仍持有著不少魁匠團的股票。在股票的世界裡有句話說：「戰勝 1 億元的恐懼，就可以獲得 1 億元的收益；戰勝 10 億元的恐懼，就會迎來 10 億元的獲利。」他人陷入恐懼的時候，如果想要鼓起勇氣，就不能跟著群眾一起動搖，也不能被限制在他們的框架中。我們必須遠離群眾，冷靜思考眼前的危險是真的危險，還是過度浮誇。我認為像魁匠團這種下一季比這一季更具希望的企業，是具有投資價值的。我利用魁匠團公募價被高估的爭議，制定了等待股價下跌、散戶恐慌時進場的策略。當然，我從魁匠團上市前就有搜尋並研究過它的相關資料（張秉圭董事長的書我當然也有

買來看！）。我基本上會被有故事的、可能成為明日之星的股票所吸引。魁匠團是連大戶、機構、外資都會非常感興趣的股票嗎？我的答案是——「是」。

我屏氣凝神，靜靜等待著魁匠團的股票下跌，接著在我判斷為進場時機點的 42 萬元區間，扣動了 12,692 股的扳機。也有爭議聲稱，「倘若預收保護機制解除，魁匠團進入 KOSPI200 的話就會開始賣空，非常

危險」，但事情還沒發生，我當時決定等事情真的落實再想辦法應對，沒必要先自己嚇自己，反而是某些人的恐懼，會成為另一些人的機會。股票市場裡能夠賺錢的情況只有兩種，實際存在的期待與實際上不存在的恐懼，只要能捕捉到這兩種情況，就能在股票市場上獲利。所以我們必須去確認股票投資人的某種期待和恐懼是否真實存在。我不想為了還沒到來的恐懼而賣出今日的股票，也不想因為對未來的恐懼，錯失了極具吸引力的投資機會。不過進場的時候，假如我的判斷有誤，以我的本金為標準，我會設下可以虧損 3 億韓元左右的馬奇諾防線。我在 8 月 13 日戰勝可能會損失 3 億元的恐懼，幾天過後股價以預估損益 10 億韓元回歸，雖然我沒能一鼓作氣全部停利，但我在 45 ～ 51 萬短期高點的區間內，賣出了大部分的股票。此外，2021 年 9 月 14 日，我的現貨與信用融資落在 6000 股左右，依照我原本的投資風格，因為均價還有空間，應該會繼續抱著，但恰巧我在交易的同時也在撰寫書稿，所以內心產生了想要大舉獲利寫進書裡的慾望。然而這種帶有貪婪、想要做給別人看的交易，必定會鎩羽而歸。

我高度讚賞魁匠團是能夠克服失敗、取得成就的企業，但我無法準確得知這家公司未來會走上什麼樣的道路，是成是敗不取決於我，而取決於他們自己。不過我會拿著聽診器，靜靜聆聽脈動的聲音，如果哪一天我覺得情況不對，就會立刻拋售，我只是在靜觀其變而已。已經扣下一次扳機的話，靜靜觀察情勢也是投資者的責任。

科隆工業：
悲劇與喜劇（feat. 三星電子）

　　人生不可能天天順利，每個人偶爾都會在生活的重擔面前感到痛苦。我在感覺現階段有點痛苦的時候，就會試圖努力改變看待這個世界的觀點。除了人生是這樣，股票也是，如果從分 K 圖上看是悲劇，從月 K、年 K 就是喜劇。放下短淺的目光以長遠來看，就可以擁有看見「原來那時候的那件事並沒有那麼辛苦」的餘裕，股票也是這樣。在投資股票時，如果當下我正使用分 K 觀察線圖，我也會刻意跳去看週 K 或日 K，然後再跳到月 K，如此一來就會稍微產生一點之前沒有的餘裕。

　　我想和大家聊聊我實際交易科隆工業的案例。我的投資起始價是 2021 年 5 月 6 萬～ 6 萬 6,000 韓元的區間，當時我判斷進場時機已到來，使用了現金與信用融資買進股票，但是股價不但沒漲還開始下跌，120 分 K 線上方的長期均線跌破了 224 日均線，股價下探至 5 萬 8,000 韓元，

長期均線跌破支撐，這是一般投資人都會陷入恐懼的狀況。日 K 上也出現了快要跌破中期的 60 日均線與 5 日線的走勢，對於只看線圖或均線交易的人而言，是勢必會停損的情況。我雖然被套牢了，但我看著週 K 和月 K 線圖安慰著自己。

我都會勸我身邊的投資人，如果現在自己手上的股票正在經歷一段艱困的時間，就不要看日 K，改看週 K 和月 K。即便在分 K 和日 K 上看起來不太妙，但是月 K 線上大部分都不會出現過大的起伏。當然，

〈圖 13〉科隆工業日 K（2021 年 2 月～ 10 月）

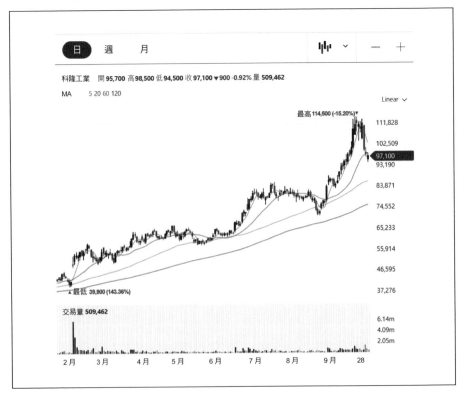

如果連月 K 看起來都沒什麼希望，就必須要再重新考慮一下。總之，在我們的人生旅程中，即便現在感到精疲力竭，隨著時間流淌，幾個月或幾年過去後，再重新回顧當年的情況，就會發現當初的事情並沒有如此值得又哭又鬧又生氣。我戰勝了科隆工業分 K 與日 K 帶來的恐懼，在短短 1 個月內得以獲利。不要害怕眼前看見的低迷，在投資股票時，盡量讓自己游刃有餘，把眼光放長遠一點也很重要。

2021 年 10 月 5 日，我正在整理最終書稿的時候，三星電子也出現相同的狀況。韓國總市值排名第一的三星電子，2021 年 1 月 11 日的股價是 9 萬 6,800 韓元，將近 10 萬韓元。但在 2021 年 10 月 5 日，當時三星電子的股價下探至 7 萬 2,000 韓元，從日 K 上來看來跌無止盡，是一場悲劇。不過換個視角，不從日 K 來看，從月 K 和年 K 上看來，對於堅忍不拔、長期投資三星電子的投資人而言，這個狀況不過就只是過眼雲煙。就如同大家都知道的，三星電子的股價過去幾年以來，都在緩慢一步一腳印地成長。現階段看著三星電子所感受到的著急，也許是聽信三星電子馬上就會進入 10 萬俱樂部而開始投資的散戶們，心裡的那份著急吧。我雖然沒有投資三星電子，但我想對投資三星電子的人說些話。

投資像三星電子這樣的重磅股，就應該要用更長的時間和節奏來面對這支股票。假如你正在投資三星電子，先問自己「現在應該要拋售，還是要繼續撐下去？」假如你認為要繼續撐下去，我認為你應該要更勤奮地積累彈藥，加碼買進。雖然這完全是我個人的想法，但我

〈圖 14〉三星電子股價走勢（1992 ～ 2020 年）

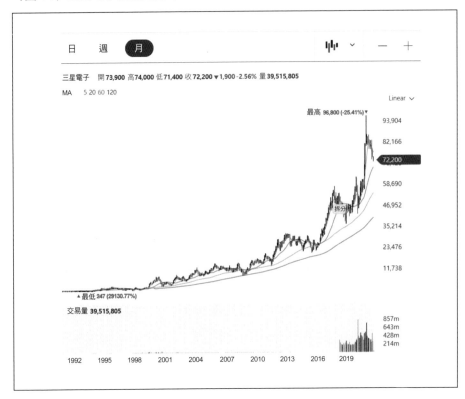

認為現在日 K 上的均線正在走跌，看起來不是加碼的時機。就像是狙擊手瞄準目標進行狙擊一般，重點不是日 K，在等到你認為週 K、月 K 上反彈區間即將來臨之前，先積累彈藥，等到時機來臨再毫不猶豫、毫無保留地投資吧。反之，如果你判斷現在應該拋售股票，就不要再後悔，也不要有所戀棧，乾淨俐落地賣出。假如最後發現不應該賣出股票，那就承認自己輸了，並貫徹自己的決定。

我認為買股票要像狙擊手一樣，在決定性的瞬間執行。但是加碼

買進或攤平也不是隨時隨地都可行的。以我自己來說，如果我已經攤平過一兩次，但股價還是下跌的話，我就不會再嘗試繼續攤平，但我會開始積累彈藥，在決定性的瞬間大量買進，如果我判斷錯誤，我會很乾脆地承認錯誤，然後將股票脫手。勝利的世界裡，不存在著模糊不清的中間值。

狙擊手的叮嚀

　　我不知道會有多少人閱讀這本書，這非常難以估計。雖然我想和讀者分享我這 5 年來的投資經驗、紀錄與成果，但我並不認為其他人都可以像我一樣進行投資。百人百態，每個人所處的狀況不同，個性不同，看待股票的心境也不同。

　　我並不認為每個人都會跟我一樣，拿回全租房的押金改住月租房，甚至把這筆錢拿來做槓桿，做出如此瘋狂的行為。我在前述的內文中提過，當我的投資本金來到 15 億元左右的時候，因為投資愛茉莉太平洋陷入困惑，股票預估損益曾經下跌至 8 億元。當時我讓老婆坐下來，並對她說了這段話：

「我這段時間透過股票投資賺了 15 億元，但可能會賠掉將
近一半，大約 7 億元。我會力挽狂瀾，但如果不順利的話，

資金可能會跌到 8 億元以下，在這之前，我會把全部的錢領出來。就算在首爾買不到房子，至少也要有 8 億元的資金，在首爾某個角落租一間全租房……」

　　如果你是一位投資股票的一家之主，我建議最好要一五一十和家人分享目前的投資狀態，未來有什麼樣的投資計畫。即便在股票大賠的時候，我也不會向老婆隱瞞我的虧損與恥辱。我認為不想讓家人知道自己失敗的時刻，是一種自我欺騙心態的延伸。

　　身為一位投資者，不僅要面對成功，也要勇敢面對失敗。如此一來，成功的時候才不會自鳴得意，失敗的時候也才不會失去勇氣。我記得投資愛茉莉太平洋的時候，最高曾虧損到 21％，由於當時我持有大量使用信用融資的股票，所以實際虧損額更高。幸虧我可能運氣不錯，虧損的 7 億元在 2 個月內回本，最後停利在 3 億元，但我至今仍認為那是一次失敗的投資。在交易的過程中，我從來沒有忘記要在老婆面前坦承一切，從來沒有認為證券帳戶裡的錢是我自己的錢，這筆錢是我們一家人的錢，屬於我摯愛的女兒，也屬於我摯愛的老婆，因為這筆錢不是我自己的錢，所以不能恣意妄為，不能打什麼歪主意，必須得好好珍惜。

　　我身上背著 3 億韓元債務的時候，我也曾思考「用股票投資賺來的錢還債」來取代慢慢償還債務的這件事，究竟是對還是錯。開始投資的第三年後，我盡最大限度利用了我所有可以動用的現金，以及可以使用的信用交易，但我想強調的是，每個人能夠承擔風險的能力都不同，不是所有人都能跟我採用相同的方法。我們必須冷靜判斷自己

的投資特性、所處的狀況、股票交易的能力後再做出正確的投資。特別是使用槓桿交易的時候，一定要嚴格審查自己的能力，決定好要使用百分之多少的槓桿交易，才是聰明的投資。

在短時間內賺到大錢，相對來說就可能在短時間內大賠。如果我們在交易時只想著賺錢，就很容易暴露在風險之中；只顧著大幹一場，就很可能一瞬間被幹掉。專門從事當沖或剝頭皮的高手們，假如他們獲利 1,000 萬韓元，他們會把這筆錢全部從戶頭裡領出，利用這種方式管理風險。但像我這種比較長時間、慢節奏的投資人，或者是長期投資人，獲利後大部分還是會把錢留在帳戶上。我周遭有幾位夢想著發大財、結果就此在股票上破產的人。短期交易人會把本金領出，但中長期投資人並不會這樣管理帳戶，所以說，如果你是一位中長期投資人，一定要持續觀察自己正在做什麼，特別是像我這樣積極使用信用投資的人，假如信用投資對比帳戶估值不到 140％的話，本就空殼般的帳戶就要虧到一點不剩了。當你想著「要賭一把嗎」的時候，回頭看看家人也是很好的辦法，如果你還是認為應該要投資，那代表這件事值得果斷試一次。但如果你稍有遲疑，就最好不要進行這場投資。

股票市場上每天都會發生無數件脫離我們常識範圍內的事。不管是為了將來想要勇敢投資，還是想成為有錢人，什麼樣的投資都好。但是當事情不如自己預期的時候，除了自己以外，我們也要考慮會對家人產生什麼影響。當自己決定要進行某種投資的時候，也最好先問自己，如果投資不順遂的時候，自己能不能承擔這份結果。

喬治・C・塞爾登

George C. Selden

如果想透過股票投資發光發熱，
就必須把市場上自己所選擇的投資策略、
利益與虧損、買賣價格、現價利差，
完全從腦海中清除。
只考慮市場目前的狀態。

第 4 章

老是抱不住？
堅定持有的技術

股票投資經營學

一鼓作氣投入一大筆錢！如果你計劃進行這種投資，就必須深入
了解自己所選擇的企業。我會針對我要投資之企業的持股結構、
搜尋就能找到的 CEO 面相與八字、甚至 CEO 的配偶是誰、開什
麼車，觀察所有在我所能內可見的事物。雖然我是一位散戶，但
是我把自己當作是分析師、基金管理師，投資之後，我會把自己
看作是企業的 IR 負責人，試用該企業的產品，認真推薦給身邊
的友人。

讓我大舉獲利的狙擊手交易法的核心，第一是股票、第二是期
間、第三是收益。當沖交易是在短時間內，透過買賣股票提升週
轉率，以小額堆高收益的方法。但是在狙擊手交易法、中期波段
交易中，報酬率不是最重要的因素，而核心在於投資期間，用多
大筆的金額獲得多少收益，假如出現虧損的話，能夠盡可能將虧
損降低多少。

真跌和假跌，
分K判斷法

我偶爾也會想「我真的有投資股票的實力嗎？」就像好幾年前，某位股票主力說我「勇氣可嘉」一樣，我好像只不過就是一個比較耐打又膽大的散戶。用一句時下流行的話來說，就是「扛得住」的類型。但我也不是盲目亂扛，當我相信自己所投資的企業前景會轉好，認為現在的走勢很明顯是有人意圖操控的時候，我才會繼續堅持。在毫無希望的股票中堅持，安慰自己「我就繼續這樣堅持下去」，最後有可能會被困在地下室，甚至是地下室樓下的地下停車場，葬送掉自己的股票生涯。在股票世界裡，輸家本就沒有話語權，只能安靜退場。

買進股票的下一步，就是要抓準機會獲利，但這並不如話說得那麼簡單。不管再好的股票，都不可能一帆風順穩定上漲，必定需要經過無數次的波動。誠如各位所知，一般股票上漲10%左右之後，通常都會出現幾%的盤整。有很多股票，在嚴重的情況下，還會上漲10%

後馬上回跌 10%。假如有某支股票上漲了將近 20%仍沒有進入盤整，那很可能是歸功於非常大條的利多，但另一方面，我們也會時時刻刻保持緊張，深怕「上方會不會有人一鼓作氣進行盤整」。當手上的股票上漲，從中獲利的時候，我會感覺自己像搭上了滑翔翼，乘著風把自己的身體交給這波風勢。但飛機在航程中途還是會遇到亂流，搖搖晃晃，如果我坐在這班飛機裡，我就很容易會陷入飛機搖晃可能導致墜機的恐懼之中。

　　你買進的上漲股遇到盤整時，15 分 K 的分 K 線們會從多頭排列轉為空頭排列，也就會依序出現分 K 們的死亡交叉。但接下來股價又再度盤整，分 K 們又會依序出現黃金交叉，股價也跟著上漲。用說的很簡單，但在這當下真的很難撐過去。我所關注的不是死亡交叉，而是在這之後所呈現的趨勢，股價會如何下跌。跌不是重點，連小學生都知道出現死亡交叉股價會下跌，重點是，我們要去了解下跌的股價背後所隱藏的真相，究竟是因為給了散戶股價反彈的虛假希望後，主力拋售持倉導致股價下跌；又或者是想要嚇唬散戶，讓股價像是一座壞掉直墜的電梯，把嚇得失魂落魄的散戶從中洗出。

　　股票要看的不是只有自身立場，要把與自己持有不同觀點的大戶、機構、外資、甚至其他散戶的立場和想法考慮進去，觀察他們當下是以什麼情緒和想法在交易這支股票。只有將自己帶入並投入情緒，才能讓自己的股票交易技能更上一層樓。初學者時期總是忙著交易自己的股票，但是等實力提升之後，就必須時刻考慮下一步棋要怎麼走，以及對方的棋會怎麼走。有點實力的高爾夫球選手，會考慮下一顆球

的位置來取勝，專業的圍棋棋士會放眼接下來的幾步棋，放一兩個意味深長的棋子。股票投資也是如此，我們必須要看懂每一步棋，不斷模擬跟我有不同想法的人會怎麼行動、要如何應對，還要計畫好在什麼樣的狀況下，要採取什麼樣的計畫，這樣才可以獲得持續性的收益。

不要觀察價格，
而要觀察意圖，Why？

　　應該很多人都有過這種經驗，在股票市場裡若只追著價格跑，就經常會錯過趨勢，但股票投資人應該要對趨勢更敏感、敏銳，而非價格。颱風來臨前會出現和平時不同的海相，不會在沒有預告的情況下突然到來，想要察覺這種海相的變化，就必須要了解平時的海相、海浪與風力。我們富有智慧的祖先，在過去沒有人造衛星與氣象觀測技術的時候，也可以透過自然現象事先預測颱風或豪雨等天候狀況，例如喜鵲如果在較高的樹枝上築巢，就代表這一年不會有颱風，反之喜鵲若在低處的樹枝築巢，就要事先做好防颱準備；假如燕子飛得很低，就代表可能會下雨。這些先祖們的智慧也成為我們耳熟能詳的故事，代代流傳。

　　混沌理論指出，地球另一邊的蝴蝶煽動翅膀，會引起地球另一邊的颱風發生，也就是我們所說的「蝴蝶效應」。科學技術發達的現代

與過去不同，這個世界，已經成為以最尖端的通訊網和社群媒體技術緊密交織而成的社會，資訊流通的速度因此變得非常快速，傳播力的力道已與過去不同。

　　我利用看診空檔觀察報價視窗的時間，計算起來也超過數千小時了。也許是因為長期一直盯著報價窗吧，當某支股票出現微妙的變化時，我好像總能比他人更快察覺。雖然我不知道是誰主導了那些變化，但是他們的情報能力大幅超越我們，像我這種散戶，之所以可以只靠著入口網站的新聞在股票市場上生存下來，是因為我們雖然無法接收到這些高級情報，但我們可以從線圖上看出這些收到高級情報的人，他們動搖行情與創造趨勢的意圖，並跟隨著他們的腳步，朝同一個方向投資。原本平穩的線圖上，震盪幅度一旦擴大，我就會自然而然地緊張起來，雖然不知道會往上還是往下發展，但我會仔細觀察，如果感覺他們意圖使股價走揚，就會跟他們站在同一個方向，否則就會果斷賣出。

　　我過去曾在人來人往的入口網站股票留言板上發表文章，與人進行激烈的爭論，但現在我不再去那裡了，因為在那裡，我會被沒有驗證過的假情報及主力工讀生們所發表的文章給迷惑，這可能會導致我在決定性的瞬間無法分辨真偽，導致誤判。我所讀過、看過、寫過的所有東西，都會在無意識間對我的交易產生影響，所以我認為股票投資者應該要常常讓心靜下來，磨練並淨化自己的內心。投資股票的過程中，不要和無賴與鼠輩們對話，越是跟某些人無謂地爭論，在不知不覺間，自己也會被他們的思考方式所影響。要記住這一點。在繁雜吵鬧的地方，很難看清大戶與主力的意圖，反而距離遠一點，靜下心

來觀察的時候，會隱隱約約感受到他們的意圖為何。請恕我再次強調，比起報價視窗上漲漲跌跌的價格，更重要的是去了解某些人隱藏在背後的意圖，把這些意圖運用在自己的投資之上。

養套殺完全飼育 ❶

人為波動，必有所圖

我們在投資股價走跌的股票時，一定經歷過下列這些情況。

- 開盤價突然湧入買潮，股價跌停後，買潮又在成交之前消失，股價隨之重新回到前日報價。
- 盤外掛上營造出跌停的假賣出，又在成交前被取消。

這種股票波動真正的意圖是什麼？散戶們看到這種情況，肯定會亂罵一通，我卻抱持著不同的想法，我會直覺認為「股票馬上就要反彈了、變化馬上就要到來了（不過視時機和狀況會有所不同……）」。股票走跌代表利空已經反映，如果還出現上述情況，就必須視為有人意圖操控。這種股票就好像有人挑明在威脅散戶，說著：「我在這裡，你快滾吧！」但他們為什麼要這麼做？

- 真的有人會無聊到要做這種看起來像是在搗蛋的事嗎？
- 某個有錢又有閒的人為什麼要恣意去動搖一間市值幾兆韓元的企業開盤價呢？

我總是對此感到非常好奇。我們觀察股票以及在確認過往紀錄時，必須要去尋找這些人的足跡。不管你信或不信，韓國所有股票其實都有一位主人，可是我們不知道這位主人是誰，大股東很可能是企業持有人，也可能是與持有人毫無關係的主力，唯一能夠確定的是，不論規模再大的股票都有其主，也就是說不管什麼樣的股票，都一定有掌管著股價的主體或主人，有些股票的主體是外資，有些則是機構法人。事實就是，股價會隨著他們的意圖波動，而不是散戶。這說法有人相信，有人不信，但我相信股價的波動都是受到大戶左右。

這些人被賦予了「他們」、「大戶」等稱號，不管他們的真面目是誰，總之「主力」這個詞彙總給人負面的感覺。有時候我們會認為主力是 KOSDAQ 小型股的掌控者，但股票市場上其實只有規模和型態的不同罷了，裡頭存在著很多合法、非法的主力。他們有著散戶無法想像的資訊力和資本，同時還有著在必要之際動員輿論、隨時可以操控一支股票或一個產業的能力。在這個基礎上，散戶只在股票上漲時下注，但他們不止在上漲時下注，也會利用賣空在股價走跌時下注。除此之外，即便個股走跌，他們也會在綜合股價指數或期貨選擇權指數的下方進場，從中獲利。

我在選股的時候會去尋找過去的足跡，觀察這支股票現在有沒有人在操控，假如有人操控，我會去了解他的規模大小以及意圖為何，

分析完股票之後再進場獲利。不管他們再怎麼藏，若是要回收資金，最終還是得要讓股價上漲，而且這個上漲必須要有名有份，這個名份有時不是他們所造，而是世界創造出來的。從某個方面來說他們看似完美，卻也跟散戶一樣，都必須要等待「時機」。他們必須投入大筆資金進行等待，從某方面來說，他們的戰役也許比散戶更加艱困。散戶想賺錢到底要怎麼做？當然是跟他們站在同一陣線，從他們的角度看待市場，機會才會降臨。我雖然只是一家位於小小衛星都市裡占地僅 10 坪的診所醫師，但我會在小小的診間裡，想像在汝矣島證券公司辦公室上班的這些人「會如何處置這支股票，讓散戶們陷入混亂」。

他們比我們想像中還壞，他們非常討厭跟散戶一起共食，其中他們最討厭的類型，就是我這種大量買進，在上面堅持到最後一刻的散戶，在他們眼裡，我就像是寄生蟲般的存在。這些人都有他們自己的計畫，再加上金錢、耐心、時間都很充裕，真的是不得不讓人肅然起敬。

養套殺完全飼育 ❷

當心主力的
「箱型馴犬術」

　　雖然我們無從得知股票真正的主體是誰，但經歷過下跌與橫盤後，原本下滑的股價開始慢慢攀升。但進到股票相關的留言板一看，就會發現投資這間企業的散戶股東們已經開始對自己買的股票感到厭煩，甚至還會吶喊著「小型股去死吧！」進入一種自我辱罵的境界。奇怪的是，股價真的慢慢在攀升，接著股價會在中途稍微上下波動，疲憊的散戶會在稍微上漲的股價上停損賣出。接著開始進入犬隻訓練的環節，我們又稱之為「箱型馴犬術」。

　　假設現在的股價是 7 萬韓元，股價每間隔 3 個月就會經歷 3 次左右的漲跌，一直到 9 萬 6,000 韓元為止，此時這支股票的股東們已幾乎要發瘋。當股價進入第四次漲跌，又再度跌破 9 萬韓元，此時這些被主力們訓練到疲憊不堪的散戶們通常都會忍不住發火，「這是把人當笨蛋嗎？又在開什麼玩笑！」為了不再上第二次當，就在 9 萬 6,000 韓

元的線上把股票全數清倉。原本想說，等到股價下跌時再進場就好，但不知怎麼回事，以為必定會走跌的股價卻突然開始上漲，突破了 10 萬韓元。怎麼辦？眼看再下去就要錯失良機了！如果遇到真的很惡質的「他們」，就會為了在此進一步吸引散戶，讓股價回檔後再次上漲。

看著報價視窗，我總是會為這些人感到可惜。我到現在，看到辛苦了 4 個月、在 7 萬～ 9 萬韓元之間撐下來的散戶們，在 10 萬～ 11 萬韓元區間裡，股票真的只漲了幾個百分點時就把所有股票清倉，都還是會很生氣，這些人在過去 4 個月以來，都成了精神教育、完全飼育的犧牲品。飽經 4 個月風霜的散戶們，僅滿足於 7% 的報酬率就離場了。想避開痛苦是人類的本能，為了把「股價可能再度回跌！」的恐懼深植在散戶心中，他們過去 4 個月來認真地訓練著散戶。散戶為了逃避股價會下跌的恐懼，放棄了日後更高的收益，滿足於 7% 的報酬。散戶果然就是要像個散戶，才能被稱作散戶，對吧？股價突破 10 萬、11 萬、12 萬、13 萬……留言板上出現了好幾篇文章，寫著股價即將要上漲到 20 萬，接著發生了令人難以置信的景象，當初賣在 10 萬 5,000 韓元的散戶們，竟然在股價落在 13 萬 5,000 韓元以上的時候大舉進場。但「他們」的操盤還沒結束，股價雖然看似無止盡地上漲，然而原本應該繼續走揚的股票卻突然停滯不前，乖離率逐漸縮小，某天突然出現了跳空下跌，股價隨之坍塌。

「不會吧？不是說會一直漲到 20 萬嗎！」

散戶們開始加碼買進。

「又想騙人了吧！一起漲到 30 萬吧～～！」

從高點開始，「他們」的股票又開始轉移到散戶的手上，股票漸漸失去活力，別說什麼 30 萬了，反而一點一滴下探至 3 萬。「他們」存在的根本，就是要在股價便宜的時候甩掉散戶，然後在股價昂貴的時候轉嫁給散戶，在這裡「他們」會動用所有可以運用的技術，有時候還會跟輿論合作，四處散播著看似好意又親切的報導。過去連一則新聞都沒有的公司，突然連相關人士都登上版面，詳細闡述著公司內部的狀況，清一色地說著公司未來將會轉好，當你認為股價處於高價區間時，務必要當心輿論過於和藹的報導。反之，當輿論大幅報導，搞得某公司好像明天就會立刻倒閉一樣，此時只有兩種可能，一是這家公司真的會倒閉，二是股價即將探底。

收益，與你承擔的
恐懼和痛苦成正比

我周遭的友人中，不乏許多希望我教他們投資股票的人，倘若我建議他們試著這樣做、那樣做，就一定會聽到一個問題。

「所以要買哪一支股票？」

真的是令人難為情。有些人會毫不避諱地問我投資哪些股票，迴避問題會有些尷尬，但如果誠實回答，接下來只要市場有動盪，這些人就會不分晝夜不斷聯繫我，「股市怎麼會動盪？這支股票會漲到多少？你什麼時候賣？還有我什麼時候要賣？」問題滔滔不絕，我卻不知道要怎麼回答。當股市大幅動盪，在我自己內心都難以平靜的狀態下，如果有人跑來問我「要賣掉這支股票嗎？」我就會有所遲疑，認為自己「幹嘛沒事推薦股票給別人自討苦吃」。倘若股價上漲，在思

考要不要賣出的情況下，還能維持彬彬有禮的態度，但倘若股價下跌，情況就令人難堪了，就算關係再好，也已如實告訴對方要賣出，但只要自己的判斷有誤，就會引發不必要的怨恨。

當我推薦的股票處於平穩狀態，或稍有下跌的話，通訊軟體的通知就會響起。因為我通常都是大額投資，所以就會出現虧損 2 億元的我，還得去安慰只虧損幾百萬的朋友，這種令人哭笑不得的情況。錢固然重要，但公開推薦股票給周遭友人時，最大的問題是無法集中注意力。雖然我想要遠離市場，使用冷靜的角度和我獨特的觀點，觀察著屬於我的股票，但是推薦股票，卻會使自己無意中暴露在散戶的情緒與思考方式之中。如果跟對方一起分享意見，不知不覺間，貪婪、恐懼、害怕的情緒就會像流行病般散播開來。我認為我之所以可以大舉獲利，就是因為我的思考方式和演算法與他人不同，我並不是要說自己很特別或很偉大，我只是一個凡夫俗子，完全稱不上什麼股票高手或大人物。我只是稍微有別於一般散戶，如果把其他散戶的演算法跟我的判斷混在一起，就會影響到屬於我自己的演算法。

Swing Trader's Tips

賺錢的時候，特別是股票投資，最好一個人默默地賺。在股市上我可以賺取的收益，會與我在市場上感受到的恐懼成正比。人們都不知道，我在大幅獲利前，面對且克服了多少的恐懼，絲毫不關心我在這當中哭過幾回，承受了多大的痛苦，他們只

好奇誰賺了多少錢。我在虧損幾億元的時候，完全沒有任何人來幫忙我，那份痛苦我只能自己承擔，但當我賺進幾億元，大家就覺得這麼輕鬆就能賺大錢，希望我也幫幫他們。請恕我重申，在股票的世界裡，有多痛才能有多成熟，戰勝的痛苦越多才能獲利越多。

我偶爾會看到 YouTube 節目上，某位人士推薦了某支股票後，只要這支股票走跌，留言區就天下大亂。這個人只是出於善意而提出自己的想法，我不懂為什麼自己選擇投資然後虧損，卻要怪罪到別人頭上。反之，如果你賺錢的話，你會去打聽這個人是誰，請他飽餐一頓嗎？結果就是，投資賺錢是自己的功勞，投資失利就是別人的錯。我雖然什麼都可以聊，但只要談到錢的話題就會非常謹慎。我們必須訓練自己戰勝恐懼，當考驗來臨時才能持續獲利。天下沒有不勞而獲的錢，錢也有長眼睛，如果獲得了一筆不屬於自己的錢，這筆錢會以任何的方式，使出渾身解術，尋找它原本的主人。

即便我明明已經告訴對方出場時機，但假如對方沒將股票賣出，結果被嚴重套牢蒙受虧損，大部分情況下，這位友人自然就會跟我斷了聯繫。雖然我無從得知，但我想他心裡的某個深處應該對我充滿了恨意吧。因為股票而失去親友是令人難過的事。所以說，我近期寧可被別人說我無情，也不願向父母或親戚推薦或公開持股。特別是虧損

的時候，自己獨自承擔，心裡會比較好受。

　　我離成為股票高手還有很長一段距離，以一個目前都還在學習投資的人來說，我所說的情報也許稱不上情報，但是想仰賴他人的情報賺錢，這種獲利方式走不長遠。因為這不是自己努力學習所選擇的股票，用這種方式賺進來的錢很容易就在不經意間被洗劫一空。換句話說，渴望進行情報交易的人，肯定會一直不斷追著情報跑，但幸運成功的一兩次投資，並不是股票投資的全部。

　　當我拒絕想請我推薦股票的人，「變大牌了，你本來不是這種人，但你變了。只不過推薦一支股票，又不是什麼大不了的事，耍什麼威風！」什麼說詞我都聽過了。雖然有些遺憾，但我的交友圈好像從開始投資股票後，就變得比以前更狹隘了。

喂，年輕人，你不怕嗎？

　　我在準備寫書的過程中，有一次可以與被譽為「散戶傳說」的南錫寬老師一起共進晚餐的珍貴機會，南老師在韓國的股票投資人中，特別是在散戶界裡真的非常著名。他最近還會出現在 YouTube 的節目上，毫不藏私地給予散戶投資建議，我也是南老師影片的忠實觀眾。老實說，過去 5 年來，我從來沒有向任何人學習過股票投資。我幾乎連見到普通散戶的機會都沒有，更別說是專門投資股票的全職投資人了。我就是獨自一人，在只有我自己的世界裡，展開想像的翅膀，學習著股票交易，所以我非常期待與南老師見面，在餐敍上也很自然地談論著股票相關的話題。南老師透過出版社了解了我的經歷和投資風格，他好像對我的某兩方面感到很好奇。

　　首先，大部分投資股票的散戶，甚至是全職投資人，都是用閒暇的資金投資股票，他還是頭一次看到像我這麼迫切的投資人，不但連

全租房的押金都拿出來，搬去住月租房，甚至還使用信用交易，所以南老師非常好奇，問了我的勇氣、迫切與毅力從何而來，好似很想知道我這名校畢業、在大企業上過班、持有專科醫師執照，學經歷羨煞旁人的年輕人，究竟出於什麼原因如此迫切地投身於股市中。其實我們家的歷史，就是一段犧牲史。窮到家徒四壁的農夫爺爺，把牛賣了，將身為長男的父親送到馬山與釜山「留學」（？）。而辛苦學習的土湯匙父親，後來也將自己的兒子送到美國讀書，但身為上班族的他，光靠薪水難以負擔兒子的留學費用。為了籌措兒子的學費，父親把作為副業栽培的樹賣掉，只為了給兒子後援。在我留學期間，父親 10 年來都只能開著一臺嘎吱作響的車。我也只能盡我所能，一直以來過得都不是悠閒或富足的生活，不管是家人還是我，總是為生活忙得不可開交，我也只能咬緊牙關，努力學習。

可能是勞碌命吧，住院醫師時期，我雖然隸屬於首爾聖母醫院，卻經常被派去旗下位於釜山、仁川、議政府、首爾、大田、昌原、清洲等地的醫院。當兵時，我也是在忠南的雞龍臺和慶南的晉州教育司令部服役。我曾在江南住過月租房，也在首爾的衛星地區生活過。在美國與韓國各地生活的經歷，讓我感受到的，是富人區和窮人區最大差異不在於金錢多寡，而在於教育哲學。富人區裡，即使父母會感到不方便，還是會盡可能為子女做出最好的選擇。反之，窮人區的父母會選擇對自己來說最方便的選擇。我的父母雖不是有錢人，但他們即使稍有不便，還是都會做出對兒子最好的選擇，所以我始終常保感恩之心。

我很清楚父母的犧牲，所以我沒有休息的權利，我高中時期的綽

號是「狠人」，但誰沒事想成為狠人呢？大學時期來留學的韓國朋友，大部分出身名門世家。我跟他們讀同一所學校，我以為我們的起點是相同的。但是畢業出社會後，大約直到我結婚時，我才知道我的想法是種錯覺。我的朋友們不管是在首爾租全租房或買新房的時候，都可以從父母身上獲得幾億韓元的資助。學生時期，我以為我們都站在相同的起跑線上，以同樣的速度在人生中奔跑著，但畢業出社會後，我與我曾以為跟我站在相同起跑點的朋友們，財富之間的差異越來越明顯。我用 2 億元全租房貸款融資，在京畿道的頂樓房開始我的新婚生活，而且去貸款的時候，還曾被銀行窗口拒絕，原因是我的信用評等太低。我的父母退休後，回到父親的故鄉慶南固城，經營著一個小型樹園和咖啡廳，但收入不穩定，連籌措營運費用都很吃緊。從擔任住院醫師時期開始，我用自己的薪水、卡債、透支帳戶等所有我能使用的方式，盡可能資助父母。所以當我要結婚時，別說是存款了，只有滿身的債務。頻繁使用短期貸款的經歷，使我的信用評等過低，不得已只好用老婆的信用，借出 2 億元的全租房貸款。

身體健康、有專科醫師執照、美國名門大學畢業……，我雖然表面上看起來光鮮亮麗，心中卻是朽腐不堪。名門大學畢業，人生就會截然不同嗎？這種時代早已結束。當然，讀過好學校、有著好招牌，在剛開始做某件事的時候很可能是個優勢，但後續只能靠自己的實力證明自己。我之所以拚命投資股票的原因就在於此，因為我必須不借助父母的力量，靠我的實力來買一套房子。

別人都在往前跑，我卻感覺越來越跟不上。但抱怨現實有什麼用？我只能乾脆俐落地認命，在現實生活中盡最大的努力，拚命生活、拚

命挽回……所以我咬緊牙關投資股票。人們普遍相信，賭場和一般人的勝率之間存在著大幅的差距，但令人驚訝的是，其實兩者在勝率的差距最多也只有1～2%而已。越是反覆利用著這1～2%的勝率差距，賭場就越賺錢，一般人就越輸越多。不管是人生還是股票都一樣，沒有不努力的人，只不過每個人努力的程度和水準都不一樣。我的努力比別人多出1～2%的差異，做出了差別化，也才能在人生、在股票市場上成功。這不起眼的1～2%差距，可以改變一切。

南老師第二個好奇點，是關於恐懼的部分。先是南老師給我看了一個他當沖短打的帳戶，那是他用小錢滾大錢的其中一個戶頭。觀看別人的帳戶，特別是一個高手的帳戶就擺在自己的眼前，那真的是非常神奇的經驗。但身為一個無名小卒，我怎麼敢給南老師看自己的帳戶？只是南老師已先給我看了他的，我就有種義務感，感覺也應該給老師看看自己的帳戶，也就自然而然公開了我是用什麼方式交易、從中賺了多少。「原來這世界上，用帳戶確認 ID 和身分，比用講的還更快！」當下我甚至出現這種荒唐的想法。我們不需要用華麗的辭藻解釋自己做了多偉大的交易，股票投資不論誰說什麼，收益就代表了一切。南老師瀏覽著我的帳戶，發現我在一支股票上投入大量資金，甚至還用了大量的信用交易，他對此非常驚訝。

「喂，年輕人，你不怕嗎？」

其實這 5 年來的交易，我可謂初生之犢不畏虎，從來不對自己的

交易感到害怕。看到我一年會幾次投入大錢獲利，大韓民國最強高手突然問我會不會害怕，我卻顯得驚慌失措。對於 5 年來都是這樣交易的我而言，這個方法只是一種日常，好像不過如此。但在股票市場上千錘百鍊的高手眼中，我的交易方式似乎是沒有勇氣就絕對做不成的投資。我誠實地回答了南老師的問題。

「怕！」

我告訴他，逃避恐懼很簡單，可日後什麼都不會改變，但即便害怕卻還是可以面對的話，這份害怕日後就會為我創造出點什麼。正如前述所說，我的交易風格並非不魯莽，只不過在買進時，要先擁有我可以在這支股票上賠多少錢的覺悟，並決定好能虧損的金額再做投資，而不是先想著自己可以賺多少錢。即便股票走跌虧損，雖然痛苦，但我還是留下了一筆可以東山再起的本金，也才得以割捨掉不甘心的虧損。

南老師在用餐結束後跟我說了一些話。當擁有的越多，要守護的東西變多的時候，主動進攻時肯定也會猶豫……因為得來不易，所以害怕失去，為了不失去，就會變得急躁……久違地和年輕的朋友聚一聚，讓他感受良多，另一方面也謝謝我喚起他的熱情……這位高手與我這種新手見面，同時也給了我很多鼓勵與稱讚，回想起當時情景，至今我都還是感到手足無措。

我投資的時候也會感到害怕，心生恐懼時，就問自己「你賠多少會使生活陷入困境？」當我拿著 1,000 萬韓元開始投資股票時，這個標

準是 300 萬韓元；當我使用 1 億韓元投資時，我的馬奇諾防線是虧損 3,000 萬韓元，也就是一個上班族的年薪，但假如我費盡心思投資卻還是虧損 3,000 萬，哪怕需要花上一整年，我也會認真工作補上這筆錢。做錯事，不就應該得到相應的懲罰嗎？而當投資金額是 10 億韓元時，我的虧損防線是 1 億，後來投資金額增加到 30 億韓元時，我把虧損的限額訂在 3 億。我想各位應該都知道，股票投資的根本在於賺錢時海撈一筆，虧損時則嚴守停損。當我投資 1 億韓元時，我可能賺 5,000 萬、1 億，但必須在 3,000 萬的額度內停損。投資 10 億韓元時，賺 2 億、3 億、5 億，但虧損必須壓在 1 億以下。投資 30 億韓元時，我賺 5 億、10 億，停損則在 3 億元以下。要將決心付諸實踐。

雖然把虧損的標準定義在 3 億韓元以下，但我也比任何人都更清楚 3 億是多大的一筆錢，因為在我開始投資股票之前，我的總資產是全租金貸款與透支帳戶總和的負 3 億元……這世界上不存在著不虧損的投資。倘若在現實層面上，投資就是如此，那麼我認為，盲目害怕和逃避虧損並不是件好事。

「一人基金」的
股票經營學

　　一鼓作氣投入一大筆錢！如果你計劃進行這種投資，就必須深入了解自己所選擇的企業。我會針對我要投資之企業的持股結構、搜尋就能找到的 CEO 面相與八字、甚至 CEO 的配偶是誰、開什麼車，觀察所有在我所能內可見的事物。雖然我只是個散戶，但我把自己當作是分析師、基金經理人，投資之後，我會把自己看作是企業的 IR 負責人，試用該企業的產品，認真推薦給身邊的友人。

　　軟銀的孫正義會長起初也被說是「盲目投資」和「夢想家」，但他透過投資阿里巴巴，回收了近 3,000 倍的收益，此外他還有許多次成功的投資，至今仍生龍活虎。當然，風險投資並不會屢屢大獲全勝，雖然表面上光鮮亮麗，但投資 10 支股票，裡面如果有 1 支可以翻漲 10 倍（10-bagger）就已經很值得慶幸了。但如果其他一兩支投資成果是上漲 2 到 3 倍，其餘則是回本打平，還有幾支連本金都無法回收的話，

那麼就算有 1 支翻了 10 倍，整體上回收的實際利益可能沒有想像中多，實際上可能只比銀行利息再稍微好一點而已。

我通常一年投資 5 支股票，其中 1 支會虧損，4 支會獲利。獲利的 4 支股票中，只有 1 支股票大漲至 30％以上，2 支股票表現中等落在 20％，剩餘 1 支則是 10％左右的報酬率。當然不可所有股票都能扶搖直上，這裡的重點是，當這 5 支股票裡有 1 支股票出現虧損時，要把虧損降到最低，在其他股票上盡可能大舉獲利。假如進行了 3 個月的投資，但沒有任何一支股票賺錢，都是剛好打平，就算沒有失去任何資金，但也投入了 3 個月的機會成本，所以等同是一場失敗的投資。雖然一年只投資 5 支股票左右，但我把自己當作是一間小型投資信託和一人創投，抱持著這種心態在選擇股票。

我的投資風格，也就是狙擊手交易的核心，第一要點是股票、第二是期間、第三是收益。短打交易是透過短時間的股票買賣，提升週轉率，過程中以較少的金額提高收益率，從中獲利。在我自稱為狙擊手交易的中期波段裡，報酬率並不是最重要的因素，最核心的要點在於，投資的期間裡用多少本金獲利了多少，假如虧損，又將虧損盡可能降低了多少。

我在 2020 至 2021 年間所投資的愛茉莉太平洋、新羅酒店、新世界國際、Dentium、FILA、科隆工業等公司，他們的共通點在於都是中堅企業，即便被套牢，至少出現倒閉或下市可能性非常低，即使被這種企業套牢，只要不是被套在最高點，雖然需要花費一點時間，但是一定會有回本的機會出現，所以我很樂於把投資這些公司視為是機會而投入鉅款。我認為不管是 KOSPI 還是 KOSDAQ，只有總市值 5,000

億韓元以上的優良企業才適合大筆投資；總市值5,000億韓元以下，或是連銷售額跟營業利潤都處於虧損狀態的企業，不列入投資對象。

　　我們在投資股票的時候，比起單純只想著如何交易，把自己當成是一人創投公司的審查員，用這個角度看待企業會更好。先自我釐清該在這家企業投入多少資源，要在多久的時間內回收資金。波段交易人基金一年會投資5支股票，期間為1到3個月，最長6個月，金額會根據企業的情況或時機點而改變，有可能只投入現金，也有可能使用融資開槓桿投資。雖然一直以來都只用手上的智慧型手機交易，但我一直把自己當作是一位投資信託公司的老闆，或是創投公司的審查員。先試著想想，如果你自己是一家機構或一間基金公司，別人會不會想投資你。作為機構並不是絕對有利，機構若要投資，不但決策會有所延宕，也很難一口氣抽出所有股票。但因為我是散戶，可以快速做出應對，能夠做出比機構更快速的決策、執行投資，這就是一種優點。

Swing Trader's Tips

想跟各位分享我的一個投資經驗。幾年前，我曾經投資過某家中小型航空公司。這支股票的總市值不高，報價視窗也不熱絡。但股價的走勢和我一開始預期的方向不同，我一口氣買進了十幾億股，但這支股票卻在盤中下跌了幾個百分點便陷入沉寂，我非常慌張，看著這一幕，突然感到害怕。經過這一次的經驗，

我盡可能不交易市值 5,000 億韓元以下、成交不熱絡的股票。
我主要偏好投資 KOSPI 前 150 大企業，總市值規模在 5,000 億
韓元以上，銷售額與營業利益有盈餘的企業。午休或是有閒暇
時間的時候，我還會以總市值作排序，觀察日 K、週 K 和月 K，
過程中如果有吸引我注意的股票，就會把它加入我的最愛之中，
日後先觀察這家企業的股票走勢再進行投資。我個人會盡可能
避免投資總市值前 10 大的股票，多半集中投資總市值排名落在
30 至 50 名、100 至 150 名，又或者是有可能會從百名榜直接
躍升至前 50 名的企業。

Jesse L.Livermore

傑西·李佛摩

絕對不要想戰勝市場，
你越是想戰勝，
就必須付出越多的代價。

第 5 章

何時該出場？
及時賣出的技術

怎麼賣，比較好？

首先，我們先從基本開始思考。股票的根本是買低賣高，只不過又加上了買超、賣超、恐懼、低點、高點等各種說法，因此變得複雜，不過本質其實只有一個──「買低賣高」。

所以股票什麼時候算高價？這是個問題。有人說，股價要漲到50 萬韓元（約 12,000 新臺幣）簡直輕而易舉，有人說他覺得漲到 60 萬（約 14,000 新臺幣）也還綽綽有餘，但也有人冷嘲熱諷地說他們都瘋了。也許各位會有些驚訝，但我到目前為止從來沒設定過目標價，原因是設定目標價的那個瞬間，這個價格就會造成心理上的定錨效應（Anchoring），使我們在不知不覺間意識到這個價格，或是對此產生執著，從而對交易產生影響。我利用探索和思考企業價值來取代設定目標價。也許那些操縱著股價波動的人也不知道什麼是目標價，只是順應了當時的市場狀況、需求、散戶的荷包深淺等各種變數。

判斷賣出信號，
有時感覺比理論重要

　　「你是基於什麼信號或怎麼判斷該賣出股票？」這也是我經常聽到的問題之一。並不是想藏私或不願分享，只是對於這個問題我也很為難，因為我真的不知道。其實賣出與買進相比，買進非常簡單，但賣出對我而言還是很困難。我也經常在賣出後想著：「這樣做對嗎？」

　　就賣出而言，好像很多投資人都會仰賴定量性的技術指標，我也曾在書店買了好幾本詳解技術指標的書來看。技術指標的種類繁多，像是價格指標、趨勢指標、需求指標等，多到想統整起來還真的需要寫成一本書的程度。但如果想要仰賴技術指標，導致參考指標數量過多，反而可能造成投資人的混亂。總之，如果要靠技術指標，賣出這件事就會變得很複雜。

　　我使用手機的 MTS 交易，所以交易時僅會參考幾個技術指標，大概就是交易量與 K 線圖。關於技術指標，很多人都忽略了一點，也就

是身為散戶敵人的主力，隨時都可以創造出黃金交叉、死亡交叉等信號。他們可能在 MACD、RSI 過熱的時候讓股價進一步上漲，可以在 MACR、RSI 的進場帶上讓散戶吃盡苦頭，也可以透過人為的方式創造出雙重底，甚至三重底。所以說有很多情況都是依照指標賣出，結果股票大漲，或是依照指標買進，結果本來以為已到低點的股價卻又進一步下探。

其實我在整理書稿時，賣出是我最無話可說也最苦惱的部分。恕我重申，對我而言，賣出股票也是件難事，股票高手們也都異口同聲認為，賣出是股票投資最難的部分。「在所有人都很興奮時候」、「在買超的時候」，用講的很簡單，但這些時候究竟是什麼時候？難就難在我們不知道啊！賣出，是跟「想賺更多」相互衝突的決策，賣的當下還必須面對「賣了之後股價又漲怎麼辦」的焦慮，所以難以拿捏。與其仰賴某種技術指標的賣出公式，我選擇努力了解股票所處的狀態，以及投資人整體的情緒和氛圍。我會觀察人們現在是否處於興奮的狀態，輿論是否畫著大餅鼓吹著大家投資，散戶們是否將信用交易開到最大，不再以 1,000 股、5,000 股等整數下單，而是以 1,534 股、5,342 股下單。假如輿論大肆報導著三星電子的股價將逼近 10 萬元，股票留言板上出現像這樣的討論和論辯，「這種可以當傳家寶的股票，不買的人是傻瓜」，當這種混淆視聽的現象發生時，代表股票已在高點。不要盲目相信技術指標，過度仰賴指標很容易上當，把自己推入陷阱之中。

有的時候，感覺比理論更重要。我舉一個例子。擁有最年輕高

爾夫球女王頭銜的高寶璟也曾經陷入低潮。她換了揮桿教練，從矯正揮桿的低潮中跳脫、直到重新奪冠的過程裡，她經歷了許多困難。據說高寶璟與現任揮桿教練告別後，去拜訪新教練西恩‧佛利（Sean Foley）的時候，高寶璟在短時間內提出了五十幾個問題，因為她對自己的揮桿沒有自信。然而佛利給了她什麼建議呢？他並沒有提到揮桿，而是建議高寶璟「相信你的感覺」。想法太複雜，過度在意揮桿的曲線，反而會破壞揮桿的姿勢。股票投資也是如此。想太多就會讓交易複雜化，讓賣出變得更難。法則與技法當然可以提供有用的情報，但是法則與技法是一種參考，最終我們必須從法則與技法中脫穎而出。我也會看技術指標，但真正要賣出的時候，大部分都是以感覺做決定，真的很難用言語向大家解釋。

在規模不大的小兒科診所為孩子看診，來就診的大部分都是輕度感冒，或是季節性疾病的患者。但偶爾看到某些患者的症狀，卻會讓我感到頭皮發麻，這種時候我就會體悟到，小兒科住院醫師訓練的過程中，我在新生兒加護病房和新生兒血癌病房熬夜工作的經驗，並沒有白費。關鍵的瞬間，就會有種感覺，這種感覺不是知識，而是來自於經驗，股票亦是同理。

一擊必殺，
狙擊手賣出

　　這章的標題是「賣出的技術」，但其實我不知道自己該說什麼，很為難也很猶豫。我很同意「股市精髓在於賣」這句話。其實買進這件事人人都會，就算沒有什麼特別的感覺，但是任誰都可以買進一支看起來好像不錯、或是日後可能會有所發展的股票。就先買再說嘛，反正沒人知道最高點是什麼時候。然而，賣在最高點則不是隨便哪個人就能做到的事。我也有過賣在最高點的經驗，但回過頭看，我只不過是運氣好，並不是看了什麼指標或依循什麼公式而賣出。我都是在自己認為大概是高點的位置附近，不再貪心，直接出場。對於買進和等待我很有自信，但賣出一直是我的課題。若是太早賣出就後悔莫及，但繼續持有，股價倘若一跌再跌，就會罵自己「是傻子、笨蛋」，陷入自我批判的模式。就像跟有感情的戀人分手很難一樣，跟長時間投資的股票離別也是件難事。

「因你在玫瑰花上投入的時間，使玫瑰花變得如此珍貴。」

　　這是《小王子》裡的一句話。股票也是，如果跟某支股票一起走過漫長時光，就會產生感情，變得習慣，難以賣出。但即使賣出再怎麼困難，股票的故事最終還是要賣出才得以劃下句點，所以就讓我們繼續再聊聊賣出吧。

　　我們先從基本開始思考。股票的根本是買低賣高，只不過又加上了買超、賣超、恐懼、低點、高點等各種說法，因此變得複雜，但本質其實只有一個──「買低賣高」。所以股票什麼時候算高價？這是個問題。有人說，股價要漲到 50 萬韓元簡直輕而易舉，有人說他覺得漲到 60 萬韓元也還綽綽有餘，但也有人冷嘲熱諷地說他們都瘋了。也許各位會有些驚訝，但我到目前為止從來沒設定過目標價，原因是設定目標價的瞬間，這個價格會造成心理上的定錨效應，使我們在不知不覺間意識到這個價格，或是對這個價格產生執著，從而對交易產生影響。我利用探索和思考企業價值來取代設定目標價。也許那些操縱著股價漲跌的人也不知道什麼是目標價，只是順應了當時的市場狀況、需求、散戶的荷包深淺等各種變數。

　　在我自稱為「狙擊手交易」的中期波段交易中，我也總是在思考出場的時間點。雖然前文已經說過好多遍，但請恕我重述，我的交易風格是拿著大筆的本金，在我認為股價低廉的位置前後，幾乎是一鼓作氣進場，然後觀察一兩個月的走勢之後再清倉。如果想要為我的中期波段交易寫下美妙的句點，就必須把握好出場時機，也就是賣出的時間點。我會不斷在腦海裡模擬著要在什麼條件下賣出，有的時候我

也會做筆記，提醒自己是在什麼情況下賣出的。

〈圖 15〉買進 SK Bioscience 後，為了把握賣出時機所做的筆記

這是我在買進 SK Bioscience 後，為了把握賣出時機，在做功課時所做的筆記，好像總共有六張這樣的便條紙。我想可能會對各位讀者帶來幫助（因為是隨手寫寫，所以上面都是我自己取的暗號，我會再行翻譯和解釋），接下來我會用圖片和文字稍作講解。

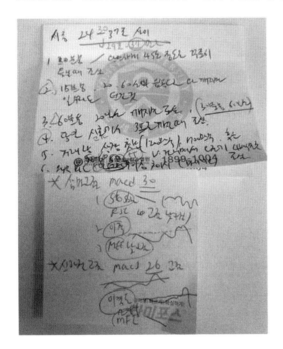

買入後，設置賣出時機的備註

① 30 分 K ／（筆者特有的表達方式）最好緊跟著 45 度左右。

當心股價上漲

② 15 分 K、20 日線、60 日線被黑 K 突破下跌時，至少要賣掉部分股票

③ 60 分 K 若跌破 20 日線就要當心（或者是 30 分 K 與 60 日線）

④ 當日開盤價調漲 3％以上時要小心

⑤ 上市首日交易量 1,200 萬股或是 VI 啟動，上午爆出 400 萬股時要小心。

⑥ 當買進、賣出的交易量相差 40 萬股以上時要注意

⑦ 注意 120 分 K、20 日線賣出信號

⑧ 30 分 K 跌破 60 日線，同時週 K 慢速隨機指標（Stocastic slow）過熱時，要清空信用交易的股票。

★ 三星生技歷史高點技術條件：MACD30、Stocastic slow、高點變低、乖離率拉開、MFI（money flow index）變低。

★ SillaJen 高點技術條件：MACD26、乖離率拉開、MFI 下跌

　　就像筆記上所寫的一樣，我在 2021 年 7 月買進 SK Bioscience 的同時，已經事先研究並整理好賣出的原則了。由於 SK Bioscience 是生技股，所以我認為參考三星生技、SillaJen 等其他股票過去觸碰到高點時出現什麼樣的波動會有所幫助。我打開線圖確認好高點後，觀察技術指標們會在什麼時候、以什麼型態呈現。

　　其實我所寫下的條件，如果不是投資 SK Bioscience 的股票就毫無

用處。但更有趣的是，我雖然研究並費盡心思寫下好幾個標準，但真正在賣出 SK Bioscience 的時候，我並不是利用這些基準進行判斷，靠的只是一種感覺。那麼我的感覺是如何形成的呢？我想也許是我已經事先做功課，了解生技股的出場時間點，並且長時間思考著最佳出場的時間點，在無意中起到了作用。如果各位現在有正在投資的股票，比起鑽研技術指標來決定賣出價格，不如根據情況和條件，建立並準備好一個屬於自己的條件，將會有所幫助。實際上，賣出股票的時候，投資者自身的感覺可能會發揮更大的影響力，而我所指的就是自己所處的狀況、慾望、滿足等情緒。

我記得是 2018 年 8 月 10 日。SK Bioscience 的股價超過 30 萬元，開始出現了一兩個我所寫下的條件，但是我並沒有按照事先寫好的筆記或技術指標賣出。當股價瘋狂上上下下，接著突破 30 萬大關時，我去確認了自己證券帳戶的餘額，看著帳戶上的預估損益，我短暫陷入了沉思。

「想靠工作賺到這筆錢，我還要再花多少年？」

看著餘額上顯示的數字，我想著自己如果要靠治療病患賺到這筆錢，要花上多少的時間、看上多少位的患者。以淨收益來說，足足 40 年，是除了生活費以外所有錢都要存下來，然後花上 40 年的時間儲蓄，才可能存到的鉅款。我思考著那筆錢對我的家庭而言具有什麼樣的意義，我問自己，假如現在賣掉這支股票，之後股票又再上漲的話，會不會後悔？答案是「不會」。接著我問自己，那假如現在沒有賣，結

果日後股票下跌的話，會不會感到後悔？答案是「會，好像會後悔」。由於當時我已經決定好停利後要投資哪一支股票，所以我就走上了這條路，把 21,467 股 SK Bioscience 全數賣出。

「魚頭就留給大哥們吃吧，我就先退場了。」

如果說技術指標是賣出的定量分析，那麼「在這裡停利你會感到滿足還是後悔？」這個尋求問題與答案的行為，可以說是賣出的精神分析。

投資股票的時候，很多時候錢看起來就像虛擬貨幣。但預估損益的錢不屬於我，賣掉股票進帳的錢才是真的錢。虛擬貨幣看起來很可笑，但是實際時候，我們並不會這樣。我們非常珍惜每一張 1 萬韓元、5 萬韓元紙鈔，只有進到我手裡和帳戶的錢，才是真正屬於我的錢。我們手頭上的 1 億，比起無法實現收益的假想 5 億更加有價值。就算只賺 10 億，知足人生就是天堂，即便賺了 20 億，不知足的人生就是地獄。最後，賣出經常被形容為是「藝術」，但是我認為賣出已經超越了藝術，而是一個有關「生活哲學」的問題。

停損，
為了在市場上活下來

　　停利已經夠難，更何況是停損！停損必須要承認並實現虧損，是賣出中最難的一種，但無論如何，停損也是賣出。投資人都希望世上所有人都可以成為勝者，想像著自己成為高舉旗幟凱旋而歸的將軍，希望過上意氣風發的生活。成為失敗者這件事，光是想像就令人毛骨悚然。但不管在戰場還是市場上，都不可能只有勝者，勝者的背後，一定有著痛哭流涕的敗者。

　　股票被套牢，就代表還沒實現虧損，也就代表還有機會。但在實現虧損的瞬間，好像自己就會被烙上失敗者的烙印，不管是誰都會想避免停損。然而，不僅股票高手們這麼說，以我自己的經驗來說，如果想在股票市場上長久生存，真的要會善用停損。大家都知道，賣出分兩種──停利和停損，在股票市場上，停損達人才可以存活下來。有句古話說：「最強大的人不是力大無窮的，也不是聰明絕頂的，而

是能存活下來的。」沒有不敗的投資，請恕我重述，想要在這世界上存活，最重要的就是善用停損。說句題外話，我認為股票世界的本質跟賭場裡的賭局相同，只不過是概率上的差異罷了。在賭局上，想要贏錢有兩個大原則：

1. 降低虧損，放大收益
2. 一旦獲利，見好就收

想在股票上賺錢的原則同上。我認為 10 次投資裡有 6 次左右獲利就算是高手了。但是股票投資最重要的不是高勝率，不管 10 次投資中，是獲利 9 次還是虧損 9 次，重要的是在獲利的時候大舉獲利，在無可避免的失敗中，盡可能把虧損降到最低。傳奇投資大師喬治‧索羅斯曾說：

「It's not whether you're right or wrong, but how much money you make when you're right and how much you lose when you're wrong.」（你是對是錯並不重要，重要的是你看對時獲取多大利潤，看錯時又虧損多少。）

股票投資的核心就在於此。賺錢時大舉獲利，虧損時降低虧損！我為了在虧損的時候可以把虧損規模降到最低，也設定了很多個停損的原則，而且我通常都會遵守。但有的時候也會因為某些因素而違背原則，結果只有兩種，不是大賺，就是慘賠！

我還是投資新手的時候，機械式地將停損點設在 3%，當然，至今我依然努力地在遵守這個基準值，即便虧損也會設定好限額。不過我們每個人都是有血有肉的人，所以即使大腦告訴我們應該要停損，卻常常出現無法輕易下手的情況。

● **股價下跌**
● **必須攤平的情況**

　　在上述這種狀況下，我會更專注在自己的內心，而非股價上。靜靜傾聽自己的內心，大部分都會得出答案。情況通常有兩種，一種是雖然覺得這樣做不對，但還是不得不攤平，另一種是想要至少再買進 1 股，但股價卻又再度下探。如果我們的內心沒來由地感覺不對勁，並且猶豫不決，就算為時已晚也要就此停損，繼續策劃未來。但如果還是想要買進的話，就要先確認自己的馬奇諾防線（停損基準額）是多少，以及自己的耐受度到哪裡，然後繼續堅持，直到價格上漲到自己期望的地方。當然，如果堅持的途中又覺得事有蹊蹺，就要一刀兩斷。

Swing Trader's Tips

　　賺了 1,000 萬，又賠了 500 萬的話，到底是賺了 500 萬還是賠了 500 萬呢？股民判斷自身財產時，好像總是以當下為基準而非過去，好像會感覺自己賺錢是天經地義的事，賠錢就很冤枉。當然，我也不例外。過去的我，賠掉 500 萬後最近又賺了 1,000

萬的話，雖然結果我賺了 500 萬，但我還是會認為自己很不幸。對自己嚴格當然是好事，但偶爾也需要寬以待己。我認為就算停損，也不能夠過度自責，或是瞧不起自己。

停利與慘賠之後，是投資股票時最需要注意的時間點。因為做出這兩項決定後，有很高的機率會犯蠢。停利之後，會因為自信心高漲，高機率會做出蠢事；停損之後會為了補洞，也會試圖做出非常嚴重的行為。不管是停利還是停損，賺了大錢或賠了大錢之後，最好可以稍作休息。問問自己，這一路是怎麼走過來的，又要走去哪裡，想想自己的股票生涯中，現在處於哪一個位置，自己想要往哪一個位置邁進。從過度投資中脫身，喚醒自己對周遭的注意力，也可以對股票投資帶來諸多的幫助。

在投資股票時，還有個務必要記住的重點。假如虧損 50%，如果想要回本，之後就必須獲利 100% 才能打平。假設我們買了 10 萬元的股票，虧損 50%，本金就會縮減成 5 萬，下次得獲利 100%，才能讓本金回到 10 萬。然而，投資過股票就知道，1 個月光要平均獲利 10% 都很困難了……

問問自己，我如果在這裡停損會不會後悔？如果賣在這裡，股價又反漲的話會後悔嗎？投資股票的人，都會把關注的重點放在股價、主力、環境、那斯達克指數等外在世界，但是股票真正重要的，不應

該是投資人的內心嗎？失敗的時候，確切地承認自己的失敗，找出失敗的原因，然後不要反覆再犯。反覆犯下同樣的錯，也是一種習慣，必須要切斷這種習慣，成功的概率才會提高。

停損 5 億的回憶

　　不論多厲害的股票高手，一定都會有低潮。我的低潮發生在市場上所有人，甚至連股票新手都在賺錢的 2020 年。這段時間以來，讓我大舉獲利的市場，是韓股 2017 年底開始持續走跌的熊市。我一直以來都在他人意想不到的時間點與股票上獲利，但市場突然進入大家都能賺到錢的局面，使我驚慌失措。我想應該也有不少投資人感覺到 2020 年市場過熱的現象不正常，使用反向與反向兩倍入市後因而虧損吧。當 KOSPI 指數下探至 1,400 點，接著上漲突破 2,300 點，大家都在炫耀自己賺到錢的時候，我心裡在想著「這是什麼情況？」雖然時間不算太長，但我 4 年多來每天都在觀察市場，這是我第一次看到如此熱絡的市場。剛好 2021 年的春天，我要從原本居住的京畿道搬到首爾。眼睛一睜開就暴漲的首爾房價，持續造成我的心理負擔。也許是房價太貴，不管是要買房還是全租，都要盡可能賺更多錢的心理壓力，加上

想要盡快成為有錢人的焦躁感，讓我在這次交易上犯了傻。抱持著這種心態進行交易，讓我反覆犯錯和失敗。

但是我在 2,000 ～ 2,300 點的時候，決定做一場巨大的賭注。我認為股價暫時反彈後，很快就會再面臨巨大的危機，指數如果再度下跌，市場就會出現恐懼。所以我把自己全部的財產，投資在衍生商品之一的恐慌指數，也就是所謂的 VIX 指數 *上，等待著市場崩潰。可能是因為事情不太順利，我在買進 VIX 的前一天凌晨從睡夢中醒來，無意之下打開了電視，看到電視上正在播出我以前看過的電影——《大賣空》†。看著電影的同時，我感覺自己好似成為了韓國的麥可·貝瑞（Michael Burry），被附身之後變得意氣風發，投入鉅款買進 VIX。剛開始前兩天還獲利超過 1 億元以上，我想著，「看吧，我是對的！市場已經過熱了！危機會再度來臨！」非常驕傲，但這份驕傲也只到此為止。後來那斯達克與韓國綜合股價指數開始瘋狂上漲，我錯過了時機，在猶豫不決的時候，我瞬間虧損 1 億韓元，接著立刻到了 2 億，幾天後變成 3 億，最後我的帳戶上出現了 5 億元的虧損。我在短時間內，鑄成被套牢 5 億韓元的人生大錯。

看著虧損 5 億的帳戶，我思考著究竟要不要停損。想要靠股票賺 5 億韓元真的很辛苦，想著自己的血汗錢只花 1 個月的時間就灰飛煙滅，真是荒唐至極。由於市場處於過熱狀態，股價還會再漲，我苦惱

---

* 芝加哥期權交易所（CBOE）中所交易的 S&P500 指數期權變動性指標，走勢與股票指數相反，又被稱為恐慌指數。
† 描述銀行欺騙顧客享受著金錢盛宴，4 位知情的天才讓華爾街陷入困境的電影。電影裡的賭金高達 20 兆！

了許久，究竟要等盤整到來，還是要選擇停損，後來我的結論是，「假如美國市場又繼續走揚，我的股票本金跌破 10 億，我就沒辦法再透過股票東山再起了！」要在春天搬家到首爾，想要買一套自己的房子的計畫已經泡湯，而且想要住全租房或月租房，都還是需要投入一筆高額的押金。我徹底失敗了，非常痛苦。但不管怎麼說，這都是我自己的投資判斷，是我自己犯的錯，即便痛苦也要欣然接受這個結局。我承認了自己的錯誤，停損在 5 億韓元。

虧損 5 億後，回到家的那天，看著跟往常一樣跑到玄關迎接我，抱著我跟我說「爸爸，你回來了！」的女兒……我抱著年幼的女兒，內心最後還是崩潰了，默默地吞下了眼淚。「那筆錢這麼重要……我的女兒啊，爸爸很抱歉，真的很抱歉。」不知情的女兒還是開朗地笑著。投資 5 年來，我的投資已經長出肌肉，雖然依舊小心謹慎，但現在不管一天裡賺多少億、賠多少億，我好像都已不再為之動搖。但回頭想想，我應該這輩子都忘不了虧損 5 億韓元後回到家的那天。要接受一直以來努力的成果化為泡沫的現實，這真的不是那麼容易。我的努力瓦解的那一天，面對著家人，我費盡心思把持的內心瞬間就崩潰了。

在停損 5 億後，VIX 商品怎麼樣了？ 3 個月後，VIX 商品只剩下我當初停利價格的六分之一。假如我執著在虧損 5 億的這個點上，繼續堅持、沒有停損的話，這段時間以來我靠股票賺的錢就會全部賠光，不可能東山再起，現在想起來還是膽顫心驚。開始投資股票後，真的有很多印象深刻的時光。比起賺錢的時候，虧損後回到家面對家人的瞬間，反而成了更深刻的記憶。2017 年底，我投資科隆生命科技，在

一天之內吃下 20％的黑 K，生平第一次遇到以億為單位虧損的長黑 K 線，以及剛剛提到的，2020 年投資 VIX 衍生商品虧損 5 億元的這兩天，都帶給我情緒崩潰的瞬間。看著可愛女兒的臉龐，我自以為堅若磐石的情緒，彷彿被淚水浸濕的畫紙般被粉碎了。

市場生病的「紅旗徵候」

　　投資股票的時候，如果投資人考慮太多變數，就會很容易忘記本質。當然，個股由於會暴露在外部環境下，當局勢或經濟過於不穩定時，確實要多注意。但投資個股的時候，一旦開始考慮猜也猜不透的美國每週失業率，以及下個季度美國聯邦政府的縮減購債（Tapering）*日期與方向，就會讓股票投資過度複雜化。我認為美國的道瓊和那斯達克指數漲跌以及宏觀經濟的波動，就像是天氣一般的存在，我更專注在個股的成長潛力上。當然，如果感覺颱風快來了就必須要注意，但我們總不能因為下雨就不去上班吧？

　　假設診間裡來了一位腹痛的患者，倘若腹痛的強度越來越強，發

燒、出現難以入睡的疼痛症狀時，醫生們便會開始緊張起來。我們稱之為腹痛的紅旗徵候（Red Flag Sign），這種情況偶爾會出現在偽裝成腹痛的盲腸炎等需要手術或急救的疾患之中。我試圖盡可能不去控制所有變數，雖然我總是現金0％、股票100％，但如果市場出現下述這些紅旗徵候，我就會開始緊張了。

首先是匯率，當美元匯率上漲時我就會開始緊張。我也經歷過絞盡腦汁分析美國市場，庸人自擾地想著「市場要崩潰了，沒錯吧」的時期，我周遭也有很多這樣的人，明明應該先擔心自己家庭的經濟，但有些人卻是在擔心著國家經濟的未來，以及美國經濟的基本面。我光是煩惱自己的人生就忙不完了，對於這些事我不太了解，但我一定會緊盯著匯率。原因在於匯率是職業投資人的舞臺，真的可以動用大筆金錢的勢力會透過匯率獲利，當匯率大舉波動，就代表他們正在動作。我雖然不分析這個世界，但是我會分析他們，跟他們朝同一個方向前行，雖然無法立刻得知明天會有什麼變化，但至少可以透過漲跌，知道市場後續會朝什麼方向邁進。當韓元兌美元的匯率大漲時，就要留意 KOSPI 與 KOSDAQ 是否有所動搖，同時間也要做好股價可能暴跌的準備。如果這時手上持有股票，務必要當心。

第二個，我稱之為「金絲雀股」，主要是 KOSDAQ 市場上由主力所控制的低總市值小型股。當金絲雀在礦區鳴叫卻突然頓時安靜，表示地氧氣不足、二氧化碳中毒。為什麼我不把這些小型股放進我的最愛裡投資，只是偶爾看看呢？有能力撼動這類股票價格的勢力中，除

了主力外也有較多其他相對小股的勢力。當這些我挑選出來的小型股，也就是我所說的金絲雀股突然上漲，明明就不是長紅 K 線應該出現的時機，股價卻莫名其妙暴漲的話，我就會開始感到緊張，因為這代表市場馬上就要暴跌了。

不管是主力還是散戶都一樣，主力也有他們的家庭，他們為了賺錢，會讓散戶吃盡苦頭，在我們的背上插刀。假設他們已經掌握了未來一週市場將大幅動盪的線索，散戶只要一天就可以清倉，然而主力持有的資金與股票數量龐大，想要退場就更加困難。所以他們會怎麼做？他們首先會把在他們控制之下、想要自己獨吞的股票，以人為方式推動上漲，盡可能把股票轉嫁到散戶身上。利多的新聞不斷湧現，股價應聲上漲，散戶興奮地以為「股價終於要開始漲了！」搭上了這班列車。實際上，主力的如意算盤是在市場崩跌前，盡可能把股票轉嫁到散戶身上，等到市場動盪股價暴跌，再從低檔重新買回持股。

大型股也會出現這種情況，但由於關注大型股的視線較多，他們會以不明顯的方式作業，然而在小型股上，這種情況卻會明目張膽地發生。當金絲雀安靜下來，礦區就會一片寂靜；當小型股在各個地方毫無理由地散播著利多、線圖上出現長紅 K 線的話，就代表市場即將崩跌。

第三點則是 KOSPI 下跌的時候，我會觀察指數如何下跌。雖然指數會不斷漲跌，但如果從早到晚都持續下探，或者出現暴跌，在應該反彈的位置上沒有反彈，反而表現疲弱的話，我就會開始緊張了。

上述所提到的 3 個要點，是我所認為暴跌的紅旗徵候。只要好好觀察匯率和小型股的動向，就可以掌握前方是否有海嘯來襲。當紅旗徵候出現的時候，要把重點放在守備而非攻擊，如果不想這麼做的話，可以先賣出一部分股票，預防海嘯真的來襲。

第 6 章

成就勝負的
自我管理

就算失敗，也不要懷疑自己

股票市場是一個會反覆發生勝負之爭的地方。而且在股市裡，有時候我們也會對自己產生懷疑，「這樣對嗎？」「這條路對嗎？」即便虧損，即使有時候需要認賠，就算對股票有所懷疑，也不要懷疑自己。就算恨透了做出這個投資決策的自己，或是內心傷痛欲絕，即便股價下跌必須停損，但只要盡力了就好，不要懷疑自己，如果連自己都不相信自己，這世界上就沒有人會相信自己了。股票靠不住，大不了賣出而已。倘若自己都開始懷疑自己，便可能影響到人生的根基。交易技法並不重要。為什麼想投資股票，想透過股票成為什麼樣的人，賺到錢的話想為家人做什麼事，以及自己究竟為什麼要賺錢，投資哲學與堅強的意志才是最重要的。技法會根據當下的情況改變，但是投資哲學與自我信任必須堅定。跌倒，只要重新再來就可以了。

不要怪任何人，
敵人就在自己心裡

　　人們往往傾向於只用自己想看的角度看待世界，這種傾向也被套用在股票市場上。在同一個市場狀態下，有些人感受到恐懼，有些人則感受到希望。但是兩者都沒有錯，有很多人確實只用負面的角度看待市場，他們抱怨著賣空對投資造成妨礙、外資的影響之大已經到了令人難以投資的地步，也抱怨年金導致自己買的股票無法上漲。但事情真的是這樣嗎？我認為會上漲的股票就會上漲，只不過是時間問題罷了。

　　如果是如此有前途的公司，賣空勢力為什麼要做空？當然，假如他們違反規定做空，那就另當別論。當我持有的股票湧進大量賣空時，比起恐懼害怕，我反而會仔細觀察賣空勢力會在哪一個時機點上開始出現負成長，需要回補股票。2021 年開始，韓國法律修正，散戶們也可以部分做空，但是我實際去上課，真的執行過賣空後，發現散戶實

際上根本沒有可以做空的空間，總之，這是我短暫嘗試賣空幾家企業後所獲得的感受。也就是說，做空時會有強制回補的期限，當利多出現時也需要提早買回，這就可能出現急著買回股票的現象，我們又稱之為「空頭回補」。所以說，與其害怕賣空，不如好好思考在什麼條件下，賣空的勢力會進行空頭回補。金錢的理論很冷血，超越了思想與信念，只要哪裡有錢就往哪裡流去。

假如這是市場的規則，我們就只要思考在這個規則之下獲利的方法為何，股票投資必須要有靈活的思維，當然，我也會被既有觀念給綁架而錯失投資良機，為此感到後悔。當我打破了自己在政治、社會方面的既有觀念並從中獲利，這筆收益就好像是拆除了一座自己築出的高牆一樣，即便賺的錢一樣多，卻會令我感到更有價值。身為股票投資者，偏頗的視角可能會對投資造成妨礙，我們很容易堅持用自己的想法判斷市場，所以我認為我們必須以更中立、更純粹的視角來看待市場，才能使機會變得更加寬廣。

我們父親那一世代的人，總是以不好的角度看待有錢人，甚至會覺得「有錢人就是壞人」。當他們看到有錢人時，明明不了解對方，但就會貶低對方肯定是偷吃步或用什麼不正當的方式成為有錢人。所以我在不知不覺間，也形成了有錢人就是壞人的既定觀念。但在美國讀大學時，我認識的韓國富家子弟中，很多人坐擁金山銀山，卻不露聲色地默默努力著。「天啊，他明明就是有錢人家的少爺，還這麼努力念書！太神了吧！」老實說，如果我出生在有錢人家的話，大概就不會這麼努力學習了。不管是誰，能躺著當然不會坐著，我們都只是

順應著環境在生活。

　　比起謾罵有錢人，我更想成為他們的一員。有幾位大學朋友總是開著好車代步，而我的交通工具卻是腳踏車。與其一邊奮力踩著腳踏車踏板，一邊埋怨著父母，我更希望自己有一天可以跟這些朋友的父母一樣成為有錢人。我想讓我的孩子擁有跟我不一樣的兒時環境，成為他的墊腳石，讓他可以踩著我，成為跟我的同學一樣的人。想要成為有錢人的話，就要憧憬有錢人。輕蔑著有錢人，又想成為有錢人，這是一種相互矛盾。「錢」本人也知道這件事，安德烈爺爺不也說過嗎？要熱愛金錢但冷靜對待……

　　我只要看診攢了一些錢，就會把這些錢慢慢存起來，利用午休的時間，再多買一兩股我持有的股票。雖然大家可能會覺得，我已經存了幾萬股，再多買一兩股有什麼意義，但我相信這一兩股累積起來，就會讓我在未來成為有錢人。所以說我的銀行餘額，絕大多數時間都沒有超過 10 萬韓元。退休年金相關人士可能會氣憤地說：「醫生的帳戶連 10 萬韓元都沒有，難道每月退休年金的自動轉帳是有破洞嗎？」如果硬是要狡辯的話，其實 10 萬韓元對我來說也是一筆大錢，因為每當存到錢我就會去買股票，所以銀行餘額總是不夠用。最稀奇的是，我投資一股 10 萬的股票時，帳戶餘額總是維持在 9 萬，投資 30 萬的股票時，帳戶餘額總是維持在 29 萬。我曾在信用卡繳款截止日近在眼前時，堅持不賣股票，最後當天無法領款，向元大水源 PB 中心金永祥課長發出求救信號，說著「課長，我沒辦法提款！可以幫我確認一下預收款嗎？」而且這種事也已發生不止一兩次了。雖然我現在的經濟

條件比較寬裕，也不需要這麼窮酸，但是我的帳戶餘額還是幾乎都見底。不久之前，我看到自己的銀行餘額還有 50 幾萬韓元，著實嚇了一跳，「我怎麼沒拿這筆錢去買股票？」我竟然自己嚇到，還問了自己「怎麼回事？這些錢怎麼還在這……」。

自我克制的美學

　　股票是一門沒有人會教你、涉及慾望與自我克制的學問，所以很困難。我們可以在學校學習知識，卻無法學習慾望與自我克制。我們反而將慾望視為是一種罪惡，誇飾一點來說，看什麼人買什麼樣的股票，就可以看出他的人生，從中隱約感受到這個人的個性或對人生的態度。

　　沒有人會希望自己的股票投資之路失敗或毀滅。假如自己所做的某項投資失敗了，失敗的原因肯定出在自己身上，原因就在於自我崩潰。特別是沒有自制力的人，很難在股票世界生存下去。慾望越強，自制力就要越強。假設自制力不足，好勝心過強，過於固執和逞強，就很容易輸到身無分文。股票投資是一條不斷面對自我、鍛鍊自我的修行之路。

　　我認為股票投資中，最危險的時間點有兩種，第一種是腦海裡認

為「這支股票肯定會發！一定大漲！」的瞬間，出現「一定、肯定」這種想法的時候，真的非常危險。在股票大漲的時候，比起「一定、肯定」，我反而更常感覺到「為什麼」。「為什麼」這句話裡面，還保有一些餘裕和空間，但是「一定、肯定」裡，就沒有這種多餘的空間了。這世界上很多事情，保有餘裕再進行，會得到更好的結果。第二種情況則是失敗的時候過於逞強，想要一鼓作氣回本，大部分都會出事。不循序漸進逐漸賺回虧損，而是想要在一天裡透過一次性交易挽回一切、逆轉局面，肯定會出問題。

投資股票的人，在現實生活中也需要自我克制。我已經戒煙戒酒很久了，7年前我就已經戒菸，在家裡連罐啤酒也不喝。由於我需要觀察開盤初期的美國市場，還必須搜尋對股票有幫助的新聞，所以我認為保持好的狀態很重要。我盡可能滴酒不沾，就算偶爾小酌，也就是一罐啤酒的程度，一年裡也只會在幾次與朋友的聚會上喝酒而已。

還有，不要把股票投資順利、荷包滿滿的時期當作標準。順利的時候，我們會感覺世界上所有一切都微不足道，認為順利是一種理所當然，生活水準也隨之提升，但是這麼做，在股票投資的低潮來臨時，就很可能產生自我責備和責怪的心態。除此之外，要記得證券帳戶上顯示的數字並不是錢，只不過是一串數字，只不過是一天會漲跌幾個百分點的虛擬貨幣而已。光看著那串數字，我們很容易陷入荷包已經賺飽飽的錯覺，但是只有實際拿到手的現金，才是真正的錢。我曾經發生一個與此有關、令人啼笑皆非的小插曲。幾年前，我因為大舉獲利，下定決心訂了一臺帥氣的車，但當時沒辦法立即取車，必須要等好幾個月。結果就在幾個月後，到了要領車的時間點，我的股票賠得

唏哩嘩啦,心裡非常痛苦。經過一番波折,我的順位又被往後挪,要再等好幾個月才能領車。每個月的支出越來越多,開銷越來越大,為了維持著這樣的生活,心理的壓力自然也越來越大。為了擺脫這種壓力,我好像花了不少時間。尚未實現的股票收益會引起我們的錯覺,然而就像一棟動也不能動、想賣也不能賣的房產,就算價值幾十億,我們也不可能因此成為富翁。

此外,股票投資人是資本主義的修道者。不可以過於喜歡、過於恐懼、過於偏頗、過於匱乏,要保持情緒的穩定。我認為股票投資人,不就是在這動盪的市場上,必須保有自我的修行者嗎?

聰明的股票投資者不會隨著市場的漲跌而悲喜交加。上漲也不會太高興,下跌也不會太難過,稍微有點玩世不恭的情緒狀態好像很適合用在投資之上。

〈圖 16〉正確的散戶情緒狀態 *

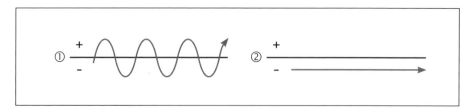

---

* ① 號是一般散戶的情緒狀態,② 號是正確的散戶情緒狀態。要保持平常心。正極(＋)是躁症、負極(－)是鬱症。股票投資人要用稍微有點玩世不恭的心態,保持平常心看待市場會對自己更加有利。

等待

(feat. Netmarble)

2020年初，我花了6個月的時間投資遊戲開發公司 Netmarble。長時間反覆漲跌，股市裡的散戶開始漸漸感到疲憊。我也花了整整6個月的時間投資，在賺到1億多韓元後，就受不了賣出了。但不知怎麼回事，我清倉的隔天，股價開始飆漲，僅僅花了1個月，原本只值10萬韓元的股價卻漲了2倍。

「如果我還持有這些股票，能賺好多錢啊……」

套句流行語，我那時都要抓狂了！花了好長一段時間才平復情緒。雪上加霜的是，我賣出的股票正在飆漲，新買的股票卻在下跌。我想應該很多投資人都會認同，寧可股票被套牢然後放棄期待，自己心裡還比較舒坦；煎熬了6個月後賣掉的股票，如果上漲不止2倍，甚至

漲到 3 倍的話，沒有比這樣更痛苦的事了吧。「如果繼續持有，就會大賺一筆……就會成為有錢人……」我無法停止這種自我責備，錯過的魚比到手的魚更令人感到惋惜和難過。但我認為，必須經歷過這種事情，才能成為更成熟的投資人。無數次的試錯和失敗，會造就出一位成功的投資者。重點在於，在失敗和有所遺憾的交易中，記起自己的錯誤，不要再犯相同的錯。要知道反覆失敗也會成為一種習慣，那真的很可怕。

我在 Netmarble 上經歷的遺憾和失敗，成為了我的良藥。假如我沒有在 Netmarble 上失誤，我就無法在 SK Bioscience 上大舉獲利。SK Bioscience 的股價從 16 萬韓元的低點上漲至 30 萬韓元左右的高點，這段期間盤中出現好幾次單日 9％的漲跌幅。如此動盪的股票，我連一股都沒有賣出，持續堅持了下來。讓我可以堅持下去的原動力，就來自於 Netmarble 的失誤，我下定決心絕不可以再犯相同的錯誤，所以努力研究。雨後的土壤會變得更堅實，失誤過後就會迎來機會，而且這機會，只會給承認失誤並用心學習的人。後來我著急著想扳回 Netmarble 的遺憾，過於貪婪，結果在投資 VIX 衍生商品時摔得鼻青臉腫，在這段痛苦的時期，我偶然在《周易》上看到一句話。

需，有孚，光亨，貞吉，利涉大川。

（等待春雨降臨，等待花兒盛開。）

我就像一頭任人宰割的羔羊，在 Netmarble 上失利，在衍生商品上

大賠，這段艱辛的時期，在閱讀《周易》時，我被治癒了。春天不來，花兒也不會著急，我們的人生也需要等待。買完股票，如果明天沒有立即獲利就開始著急，內心煎熬，在股票新手階段，我想每個人可能都會這樣。如果一買進就馬上上漲，就覺得自己好像已是高手，得意洋洋。但如果買進股票，隔天股價走跌，就感覺自己好像是失敗者，不發一語。我這 5 年來賭上全身家當，在股票世界裡經歷過無數次行情漲跌，我感受到一件事——股票不是短跑，而是一場馬拉松。抱持著忽喜忽悲的心情，也許運氣好可以小小獲利，但絕對無法持續大筆獲利。心急，錢就跟著躁動，有餘裕的錢，就會悠閒地運作，這就是錢的特性、股票的特性。有信心和堅定地等待，就不會有所畏懼；但若是一喜一悲，被捲入市場與行情的波動之中，在需要勇氣的時候就會產生恐懼，在需要恐懼的時候，也會犯下加碼或攤平的錯誤。

Swing Trader's Tips

擔心買進股票後就下跌的恐懼，源自於實力的不足。對於自己的實力沒有自信，所以在心裡面埋下了恐懼的種子。所以股票投資人要整頓好自己的心情，磨練自己的實力。沒有必要因為帳戶有獲利就趾高氣昂，也沒必要因為帳戶虧損就意志消沉。自我磨練並等待，機會肯定會來臨。

那麼要如何等待呢？最重要的就是懂得抑制焦慮。想要盡快成為有錢人，就會導致急躁與充滿貪婪的交易。我也有過受金錢

驅使而投資的經驗，那時因為半年之後我們就必須搬家，我想透過股票投資賺到搬家需要的押金，這種急躁當然使交易變得錯綜複雜。

感覺與判斷的差別

　　很多研究股票的人會執著於技法之上，似乎也有很多人想開發一套絕對不會賠錢的技法和交易方法。但是這世上不存在完美的技法和交易方法，假如真的存在這種東西，那麼全世界金融市場早就被征服了。股票投資真的有很多技法，研究和學習技法肯定對投資有所幫助，但是反過來說，我認為我們應該擺脫技法和交易方法。所謂的技法，會在特定的條件下成立，但如果輸入（Input）的數據與周邊環境的設定出現改變，條件就無法成立。市場是全年無休，而且時時刻刻都在變化的地方。

　　初學者時期，努力鑽研技法、理解原理是一件好事，但我認為學習到某個程度之後，就應該拋開這些技法。在股票投資裡，比起仰賴自己曾研究過的技法或交易方法，更多時候是靠著難以向別人解釋的感覺而做出投資決策。據說當人們做出某種決定的時候，有意識的部

分只占 5%，其餘 95% 都來自於無意識的世界。我們閱讀書籍、研究技法、分析線圖的一連串行為，都是在訓練這 5% 的意識領域。但我認為所謂的感覺，是透過這些訓練和知識的積累，從而養成習慣，烙印在占比 95% 的無意識世界裡。稍微厲害一點的股票高手，當你問他「您為什麼會這麼做？」大部分得到的答案都是「就只是感覺應該這麼做」，期待著他有什麼不為人知的厲害技法、交易方法與原則的散戶，肯定會因此大失所望。但是靠著這些「偶然」、「好像應該」的感覺所做出的選擇，會發揮強大的力量，改變我們的人生。

我平常會為了保持良好的感覺，大量進行練習。通勤的路上，在車裡聽到最新發表的歌曲，預測「這首歌會紅還是不會紅」，也是一種小小的樂趣。聽著音樂，如果喜歡這首歌，我就會去搜尋這個歌手隸屬的公司，確認股票的價格。當交易順利，感覺良好的時候，我會試著主動下注，但是當感覺不太敏銳，結果跟預期不一樣的時候，就會盡可能克制自己使用信用融資，謹慎投資。我在第 1 章的〈股票投資的 1 萬小時法則〉裡有提到，我花了很長的一段時間積累，才培養出所謂的感覺，「感覺」這傢伙真的很難用言語向各位講解。

恕我重述，我寫這本書的動機，是為了分享我這 5 年來投資股票的紀錄，希望這本書可以成為一條救命繩，幫助與過去的我處在相同處境的人，僅此而已。所以我一直努力想盡可能傳達所有我所經歷過的事情、股票相關的資訊與插曲，但我陷入了如何解釋「感覺」這樣東西的難題之中。經過長時間的苦思，我對感覺和判斷作出了以下的定義。

- **感覺：告訴你要做應該做的事**
- **判斷：告訴你不做不該做的事**

　　連小學生都知道如何分辨該做的事與不該做的事。但是身在股票市場裡，判斷該與不該，卻比想像中更困難。對飆股盲目的腦衝交易，使用預收款結果遭到強制回補，股票投資不該做的事有很多。我個人在看到報價窗上如雨後春筍般湧入的股票，以及強勢反彈的紅K棒，也會腎上腺素分泌而失去平常心，出現「要不要大撈一筆，短進短出？」的貪念。見到碰上長黑K、束手無策走跌的股票出現反彈時，貪婪也會在不知不覺間蠢蠢欲動，出現「要不要買買看？」的想法。但是，在我內心深處的某個角落裡，我的判斷會挺身而出，大喊著「不行！」把掉進貪婪陷阱裡的我給拯救出來。在股票的世界裡，就算大賺10次，只要賠1次就可能失去一切。股票投資人可以承受輕微的一擊，但是不可以在賭上一切、放下防備的時候被擊中要害。不對的事情，不管再怎麼努力合理化，就是不對。

投資也有業力

　　有的時候，我感覺自己正在用股票累積「業力」，所謂「業力」源自於梵語的 Karma，意指行為。搜尋之後，我發現行為是由身、口、意所組成，被稱之為「三業」。所有業的根源都源自於起心動念，除了佛教以外，大部分的印度思想中，都對行為做出了以下的定義：

「行為，具有力量，能產生對應的結果。」

　　當我們做出某一種行為，即便結果沒有在這輩子出現，也一定會在下輩子發生，也就是所謂的「因果報應」。帶著善念所做的行為會帶來好的結果，反之，懷有惡意所做的行為，會招致不好的結果，這個命題在股票世界裡也毫不例外。透過這段時間的慘痛經驗，我以後絕對不會再投資反向商品或 VIX。縱使不提及業力、因與緣，我的行

為與想法還是會影響我未來會有什麼樣的結果。「不是今生，就是來世」這句話是多麼地嚇人啊！先撇開業力不說，不知道為什麼只要投資反向商品或 VIX，我就會希望有壞事發生，當我發現這件事的時候，我也嚇了一跳。

「北韓如果發射個導彈，或是哪個地方發生戰爭或恐怖事件，我就可以賺到錢了⋯⋯」

我不但沒有期望世界變得比現在更美麗、更美好，好像是為了賺點錢而在詛咒這個世界，這讓我非常羞愧。所以不知從什麼時候開始，我不再贊同這種世界毀滅、唯我獨賺的投資。

我雖然還是每天經營著只有幾個病患，占地僅有十幾坪的小診所，但不管我在股票上賺錢還是賠錢，我都還是每天持續看診，以後也會繼續。我至今還沒有看到比我的診所更小的診所，光是 2021 年，我們診所附近的小兒科就有 4 家倒閉，我們診所的患者數量也變少了，新冠肺炎爆發後，診所的員工也必須從 2 人縮減至 1 人，診所的營運比預期中還不順利。但是我不僅是一位股票投資者，在這之前我還是一位醫生，更重要的是，我的職業是「救命的工作」，可以從事一份可以幫助別人的職業，我非常感恩。我認為自己可以一方面幫助別人，又具有一份可以賺錢的職業，已經是很有福分了。

如果投資詭譎的企業，人生也會變得很詭譎。就算要與異性交往，也要和俊男美女交往才不會留下遺憾。投資也要遇到一家帥氣的企業、由優秀的老闆帶領的企業才不會悔恨。投資一家 CEO 像詐騙集團、只

想敲詐散戶的公司，就算你認為「是詐騙又怎樣，我只要賺到錢，在這家公司倒閉前出場就好了」，即便偶然成功了一次，最後也肯定會失敗。

我在新手時期、什麼都不懂的時候也曾隨波逐流，也曾抱持著「這可能是騙局，但只要吃下這波行情再出場就行」的想法投資過幾家公司。幾年過後，現在那些股票全部都被下市了。投資不健全、只是騙局一場的公司，想吃一波行情再出場，這種投資方式可能會引來禍端。既然都要投資了，不如把錢投進生產著讓世界更美好的產品和服務的企業、創造著前所未有新東西的企業，又或者是自己身為老闆也會想嘗試經營的企業吧。把錢投入根本沒希望、只是坐有虛名的公司，人生也很容易崩盤。

所以當我累積某個程度的股票投資經驗後，不管那些利用假情報行騙的公司，拿出多華麗的長紅 K 線蠱惑人心，我都絕對不碰，這種形式的交易必然會留下傷疤。我先前選擇投資 SK Bioscience 並從中大舉獲利，但是我會選擇這家企業的原因，是基於 SK Bioscience 正在從事很珍貴的工作，假如國產疫苗能夠研發成功，就可以拯救更多生命，所以我投入了一筆鉅款。假如可以投資快樂，我認為投資快樂並從中獲利是最好的。投資在人們的悲傷之上，總有一天自己也會悲從中來。我對自己過去投資反向商品、大舉獲利喜孜孜的樣子仍歷歷在目，雖然投資沒有所謂的對錯，但是我想投資對世界有利的方向，而且我會繼續選擇走在這條路上。

真有新手運？
初學者賺錢的原因

　　初次接觸股票，所有的事情都會小心翼翼，而且感到很新鮮。人們選股的原因各式各樣，我甚至還聽過有人只是因為公司名字很好聽，就買了它們家的股票。更有趣的地方在於，很多人都從這些選股原因單純的股票上獲利良多，甚至讓真的很用心鑽研股票的我感到很虛無飄渺。投資經歷 3 個月左右的時候，我們一般都會買進很多績優股，如果大盤表現良好，股價也會上漲，自我感覺就會非常良好，「哇！這麼簡單的事我怎麼現在才學會？明明是要連續工作整整 1 個月才領得到的薪水，怎麼等 3 個月的時間就賺到了，看來我現在辭職都沒問題了！」於是你開始陷入煩惱，接著也正式開始學習股票，踏入股票投資的大門，增加投資本金、涉略市面上的股票和理財書籍。

　　你開始熟悉逐漸原本不懂的股票技法，也越來越有自信，利用已經增加的投資本金開始進行主動式的下注。但不知道怎麼回事，原本

簡簡單單就能到手的獲利，現在卻漸漸開始轉盈為虧。從牛市入門的你以及其他跟你一樣的散戶們，第一次經歷熊市，張皇失措。在牛市裡，就算股票走跌被套牢，不久之後也能後回本，但是當股價真的一落千丈，此時就開始踏上苦行之路了。即便攤平股價，但是彈藥不夠，因而左右為難。為什麼這種事情會反覆上演呢？

最大的原因就在於牛市轉為熊市了，還有另一個原因是，股票新手時期，大部分都是用比較純粹的心態在投資，只是因為「看起來還不錯！」沒有其他原因，也沒有什麼糾結的地方。神奇的點在於，這種決定比想像中更容易命中紅心，單純的想法和決策發揮了強大的力量。但當我們懂得越多，交易就會越來越複雜，選擇股票的時候開始看本益比、觀察 MACD 指標、有沒有出現黃金交叉，腦海裡盤旋著這些條件。認真學習股票並沒有錯，但即使學習了很多東西，也要讓交易單純化，才能發揮強大的力量。

我真的很認真鑽研股票。雖然我現在還是會研究股票，不過我最近比較常閱讀跟運氣、《周易》、人文學、新創產業相關的書籍，我現在已經不太碰股票相關的書了。我最近期買的一本股票書是《讓你一輩子成為有錢人的股票投資》，也因此跟出版社結緣，出版了自己的書。總之，股票投資要多複雜就能有多複雜。但這就跟各位所談的戀愛一樣，如果毫無節制地設定條件，就遇不到值得交往的對象，但如果真的遇到一位心儀的對象，我們也會因為喜歡就交往，不會去計較什麼條件。所以說股票投資就是談戀愛，雖然結果也有可能只是我們一廂情願就是了。

買股如看相

　　我們再來稍微聊聊有關面相這件事。經過跟各式各樣的人嘗試交往、戀愛、吵架，或者遇到不好的異性，甚至連靈魂都被掏空，往往才得以培養出區分另一半是好是壞的眼光。跟個性不好、性格急躁、吝嗇的人都交往過，才會知道自己的理想型是什麼樣的人。股票也是如此。投資小型股被套牢、投資績優股耐心等待、追高被套牢，經歷過這些才會具有看股票的眼光。

　　所以我們形容股票是一個「活蹦亂跳的生命體」。我們會在心裡依稀描繪它的樣貌、性別、形象再進行投資。生命體仰賴心臟的脈動維持生命，股票則是仰賴報價窗呼吸、依靠著線圖運作與胎動。

　　面相學是透過觀察人的臉蛋，預知吉凶禍福的行為，所以觀察線圖預測企業的吉凶禍福，也可以被稱之為股票面相學。當人類的心臟停止跳動，生命就宣告終結，而股票在開盤時停止交易，報價窗一動

也不動，就是所謂的下市，是它生命的了結。如果想要了解股票的狀態，就必須要確認線圖，從報價窗的活躍程度感受脈搏的跳動。我認為替病患診療與掌握股票的狀態，並沒有太大的不同。醫生會搜集各種現象和證據進行合理的思考，歸納診斷，給予對應的治療。股票投資人會根據目前市場所放出的各種情報與預測，觀察當前股票報價窗與線圖的狀態，藉此掌握股票的狀態。利用這些資訊，判斷日後這支股票會成為國王或是明星。首陽大君在電影《觀相大師：滅王風暴》中曾問道：

「如何？我是會成為大王的面相嗎？」

也許股票投資就是以眼前羅列的這些資訊，選出其中哪一支股票具有稱王面相的行為。《觀相大師：滅王風暴》的主角，身為觀相師的來景曾說道：

「面相時時刻刻都在改變。」

他說的一點也沒錯。我也是基於相信某支股票會稱王而做出選擇，但當真的投資了這支股票，有時它的面相也會改變，變得跟我一開始預期的不一樣，所以有時我也只能停損。我們如果想要懂得觀相，就只能透過經驗的積累，建立資料庫。據說日本傳奇觀相師水野南北在學習觀相的時候，花了 3 年在理髮廳學習頭相和面相，又花了 3 年在澡堂觀察人們裸身的樣子，再花了 3 年在火葬場工作，學習人類的骨

骼架構。想成為觀相大師必須歷經如此千辛萬苦，股票投資人想觀察股票的面相也絕非易事。

Swing Trader's Tips

我想各位應該很好奇我為什麼一直提到面相、運氣、命運等字彙。我一直以來都相信股票有所謂的氣運，股票不就是一個活蹦亂跳的生命體嗎？我雖然也會參考探討技術指標的書籍，但是我反而從探討當下的運氣、內心的節制等諸如此類的書籍中，獲得了更多的洞見。各位如果有機會的話，可以去閱讀水野南北的《改變命運的節制成功學》（운명을 만드는 절제의 성공학，暫譯）。水野南北留下了一段著名的話：

「不管什麼事情，都無法打從一開始就盡如人意，所以必須要投入短則幾年、長則幾十年的心血。唯有如此，成功的大門才會為你敞開。」

就算使出渾身解術，也不一定會成功。現在的我真的有使出渾身解術在做交易嗎？想想真是無地自容。

花在家人身上，
收益更有意義

　　在美國就讀大學的時候，如果放假，我偶爾會搭前輩的便車去紐約觀光。到紐約，我偶爾會去某位前輩家中借住，其中有幾位前輩是華爾街的股票交易員和分析師。畢業後我回到韓國，在拿到專科醫師執照、剛結婚不久的時候，剛好有個機會跟紐約其中一名分析師前輩一起吃飯。這位前輩跟我說了一句話：

　　「如果你靠股票投資賺到錢，一定要把收益的十分之一花在家人或你自己的身上！」

　　當時我為了買房子，一分一毫都捨不得花，把省下來跟賺到的錢再拿去投資。證券帳戶裡雖然有超過 10 億韓元，但銀行帳戶的餘額卻總是不足。說起來可能有點令人難以置信，但當時我的生活過得很緊

繽。我照著前輩的話，就算沒有賺到 10％的收益，只要股票有賺到一點錢，我就會買耳環給老婆，如果有大賺一筆的話，就會從證券帳戶裡面領錢出來，帶老婆一起去服飾店，虛張聲勢地說：「想買什麼就買吧！」（不過是去 Outlet）。

因為討人厭的新冠肺炎，我的診所營運雖然不太順利，但是我還是資助了在家鄉慶南辛苦經營著樹木園與咖啡廳的父母。我之所以可以在股票上獲利，就是因為有這些幸運。雖然現在的我，還在朝成為有錢人的目標邁進，也持續鞭策著自己，但只有當下幸福，才是真正的幸福。把這些幸福積攢起來，就會完成一場幸福的人生。然而越是延遲幸福，就越不幸福。各位在投資股票的時候有多幸福？如果你現在從投資上有所獲利，但是卻不幸福，或是反而變得不幸，我希望你也能試試我的前輩所推薦的方法。為了家人的幸福，撥出十分之一的收益來用吧！

證券帳戶上每一秒都在改變的數字、以紅字標示的收益，你可以選擇讓這些數字只是單純的虛擬貨幣，但也可以使用它，讓我們生命中最重要的家人獲得生活上的改善，讓他們的生活變得更加豐富多采，為他們創造比現在更幸福的人生。我把收益的十分之一花在家人身上的同時，也得到了一些感觸。帳戶上的金額，不再只是一串數字，而是一筆可以讓我的家人更幸福的實質財富，這一點真的讓我非常感動。這些錢如果被困在上上下下的數字遊戲中，那就只是一筆虛擬的數字。但是偶爾把虛擬數字的價值轉化成實體，拿來使用和體驗，日後面對這些好似只是數字波動的金錢時，就會有不一樣的態度。

克服低潮，
小改變也有改運奇效

　　原本順順的交易變得不順利，虧損慢慢增加，為了填補虧損，就可能做出平時不會做的事情，結果使自己漸漸暴露在危險之下，也就是我們俗稱的「惡性循環」（vicious cycle），被卡在當中無法抽身，這就是陷入低潮。當我們的人生走到低潮，就會有越來越多警告出現，告訴著自己不能再用這種方式生活。這個時候，我們就必須做些改變。但是我們又無法換工作、換職業，所以哪怕只是去旅行也好。如果連旅行也不願意去，那麼利用午休時間散個步也不錯。可以做一些平時不會做的事……例如搭公車或地鐵、去早市逛逛，把被困在框架裡的自己帶到新的環境中，保留出一點時間，看看別人用什麼樣的態度和方式過生活。

　　八字裡每10年走一次大運，歲運則是年年變化。《周易》裡也說，人生有前進、也有後退的時候。我在試著研究八字、《周易》與塔羅牌的時候，所感受到的重點都是「所有的事，都有所謂的時機」，我

們必須要知道那個時機是什麼時候。

如果現在我的運氣不佳，周遭充滿了諸多障礙，但是我卻衝鋒陷陣，結果只會屢戰屢敗。如果當下的狀況不好，時機不佳，或是形勢不利於自己，就應該暫時後退、重新整隊、等待時機，並自我鍛鍊。我雖然沒有宗教信仰，但是我從以前就很喜歡《聖經・約伯記》第23章第10節的故事。

「然而祂知道我所行的路，祂試煉我之後，我必如精金。」

被稱之為佛祖教誨之精髓的四聖諦第一聖諦──苦聖諦中也提到，眾生必有痛苦。投資也是一樣，投資是痛苦的，但就像人生必須遭受磨練一樣，投資也需要磨練。這項磨練，必須要等到我們能夠欣然接受這份磨練並戰勝自己，才得以展開。2020年下半季對我來說是非常艱辛的一段時期，我感覺自己像是進到了一個深不見底的隧道裡。當時我為了克服惱人的低潮，做了幾項事情，以下我將稍作闡述。

還記得那是2021年的2月初，我在看診的途中，偶然之間望向窗外，發現窗外的櫻花樹樹枝一片凌亂，但是窗戶太髒了，所以樹枝顯得有些模糊不清。我仔細回想了一下，診所已經開了好幾年，我卻從來沒有擦拭過外側的窗戶，不過這是因為我的診所位在2樓，外頭連欄杆都沒有，不是我不想擦窗戶，而是已經放棄了。但是眼前窗外那幅灰濛濛的景色，卻看起來好像我的未來，這3年來我從來沒有過這種想法，我感覺有點奇怪。「不行，不能再這樣下去」，我在網路上訂了一套用磁鐵吸住窗戶擦拭玻璃的清潔道具，東西一到，我就立刻

用心地擦著妝戶。窗下流淌著幾年來的陳年汙水，很快地，窗外露出了晴朗的天空與樹木。我的失誤、後悔、怨恨等情緒，好似一鼓作氣地被洗滌乾淨了。我的第二個改變，是改變髮色。我的頭髮是屬於又多又黑的類型，當我跟老婆說我想染頭髮的時候，她露出一副「老公是不是外遇了？怎麼會想染頭髮」的樣子，眼神裡充滿了疑惑。得到老婆的同意後，我去理髮院把頭髮染成了明亮的酒紅色。我想要改變所有的一切。這4年來我都是開著車上下班，但我開始使用大眾交通工具。久違地搭上了上下班的公車，坐在工薪階層的上班族之中，在高速公路的窗外，映入眼簾的滿是平常開車無法看見的陌生風景。當我看見脖子上掛有我前公司藍色識別證的年輕上班族，回想起我早已忘懷許久的過去，暫時陷入了沉思。

當我們想要改變，或是需要改變的時候，就要抱持著懇切的心情，試著改變所有的事情。已故的前三星會長李健熙不是說過嗎？「除了小孩跟老婆，其他都要改變。」如果真的想要改變自己，就要抱持著這種覺悟去實踐。我在這段時間，也幫老婆打掃家裡，雖然沒有很厲害，但我也試著為家人做飯。甚至還去了馬場洞的肉鋪買韓牛送給岳父岳母，親自烤給他們吃，大家一起吃了一頓美味的家宴。不過，結婚7年來回到家裡總是喊著好累、大部分時間都躺著不動的老公，突然開始打掃、煮飯、染頭髮，做盡以前不會做的的事，我老婆可能因此覺得很不安，所以一直問我為什麼要做這些，到底想要得到什麼……

人們認為克服低潮的開運方法要很浩大，但其實就算不花大錢，改運的方法也有很多種。整理散亂的書桌、清掃家裡的陳年汙垢、擦淨灰濛濛的窗戶、為某個人做一頓料理等等，這些行為有助於消除積累在我們心裡的怨恨、憎惡、厭惡、憂慮等負面情緒。努力讓自己充滿正面能量，相信明天會比今天更好，運氣就真的會改變。這就是所謂的改運。

我們現在所有的行為，都是來自於過去的產物，但同時也會在不知不覺間影響著我們的未來。保持正向，正向的能量就會包圍自己；保持負面，負面的運氣就會找上門來，這也就是為什麼我們周遭過得不錯的人，就一直以來都很不錯，但是過得不好的人，不管做什麼都會不順利的原因。如果事情的進行總是不順利，就停下來自我檢查看看，確認現在的自己是不是朝著正確的方向前進。

什麼都不做，
就什麼都不成

　　好像很多上班族都在煩惱著「這樣對嗎？這樣活著對嗎？」我之所以下定決心離開公司，就是因為我們的部長。我看他每天都是最早出來上班、最晚下班，在每週都會舉辦 3 次的公司聚餐上，左一頓、右一頓地喝酒，然後還要去參加高層的聚餐，再喝更多的酒，然後幫自己宣傳。隔天，他還是最早出來上班，看他坐在位子上的樣子，令人不禁咋舌。

　　他對組織如此忠誠，但是想成為高階主管卻依然如摘星般困難，他看起來就好像馬上要高升，要坐擁全世界，但實質上，他卻是每年一聘，如草芥之命般的約聘人員而已。我沒有自信在這種世界堅持下來，所以我進公司 1 年之後，就遞出了辭呈。

我的父親 50 幾歲，現在想想他在很年輕的時候就名譽退休 * 了。父親退休返家的那天，他抱怨道：「我為組織付出了 30 年的人生，如果我把這種努力灌注在自己的身上，我的人生是否就大不相同了呢？」我好像從那個時候，就漸漸開始隱約萌生了要成為專業工作者的想法。

　　我們先聊聊關於有錢人這件事。這世界上真的有很多有錢人，但如果父母不是有錢人，自己卻想成為有錢人的話，該怎麼做呢？那就要願意嘗試任何事，要為了成為有錢人這件事，自己創造條件。那麼我們就必須思考並探索在自己所處的環境下，要怎麼樣變有錢。如果你認為用現在上班的薪水根本不可能成為有錢人，覺得這些錢根本微不足道的話，就要尋找方法。也就是說，以現在自己的工作來說，我是否有機會成為專家，並當上佼佼者，並且計算成為佼佼者的時候，有多少概率可以成為有錢人。

　　經過一番波折，最後我在小兒科診所開業 1 年左右的時候，明白了我在診療方面絕對無法成為佼佼者。而且我的個性比較直率，看診時我最常說的話就是，「如果沒有不舒服，就不需要再來看診了」，從某個層面來說，我診所生意每況愈下的原因，很可能不是因為新冠肺炎呢。如果想透過經營小兒科賺大錢，就必須採取一天看 100 位病人，每次看診 3 分鐘。

　　但是我沒有這種實力，也沒有這份自信。雖然把醫療院所比喻成餐廳有點不好意思，但是以這樣看來，小兒科診所就是醫療界裡的飯

---

* 編註：指入職達一定年資但未及退休年齡，因員工個人意願申請提前退休的方式，申請者除有退休金外，還有額外的補償或慰勞金。該制度常作為韓國企業裁撤資深員工的手段。

捲店或小吃店，非健保給付診療較多的骨科、皮膚科、整形科，就大約是高級的韓牛或日本料理店，單價本身就無法相提並論。飯捲店或小吃店想賺錢，方法是以低廉的價格加快翻桌率，薄利多銷，但是不管再怎麼樣努力拚命，都絕不可能成為有錢人，所以我想在股票裡尋找成為有錢人的答案。我喜歡股票，看著飆漲的報價窗，我會好奇這麼多的錢和股票到底從何而來，又是如何引起如此強勁的漲勢，因而被這股力量所吸引。越是探究這股力量的源泉，我就越覺得股票投資有趣。做自己喜歡而且覺得有趣的事，同時又能賺到錢的話，我認為這是最佳解答。

我選擇了股票，結果也很不錯，但我認為不一定非要選擇股票不可。我相信各位在自己的人生中找到喜歡的事，並持續堅持做一件事，總有一天機會會來臨。就算不是抱持著「我一定要透過這件事賺到錢！」的心態，只要享受自己喜歡的興趣或事情，並且理解和精通屬於那個世界的工作，就一定會有賺錢的機會找上門來。這句話有點像年輕人不愛聽的雞湯，但是「什麼都不做，就什麼都不成」，如果不去思考，就只能隨波逐流。

世界上不存在
賠掉也沒關係的錢

　　沒有任何一個人是為了賠錢才投資股票。每個人買股票的時候，都有屬於自己的理由，但是除了賣空或反向 ETF 以外，散戶大部分都在賭股價上漲。問題就出在，買了一支預計會上漲的股票，但它卻往反方向走。不管投資 10 萬還是 100 萬，當你在獲利時苦惱於何時出場，這種事就算想一百遍都還是感覺很幸福。但是當股價開始虧損的話，真正的苦惱才就此展開。我周遭所有投資人留給我的印象都一樣，大家都想迴避虧損。

　　虧損很痛苦，所以不願承認，也不想面對。面對自己的錯誤，是一件很傷自尊的事。當你問股票被套牢的人說：「那你之後打算怎麼辦？」大部分有問跟沒問一樣。理由很多種，「這支是績優股」、「這筆錢就算賠了也沒關係」、「這筆錢可以被當作不存在」、「反正總有一天會漲」等等。股票投資裡，錢固然重要，但這是一場與時間的

戰爭。當我們的錢被一支股票套牢時，同時就也失去透過其他股票賺錢的機會。我們所虧損的 100 萬可能不單純是 100 萬，我們被套牢的 1,000 萬也可能不只是 1,000 萬。然而人們不願意正面承認自己的失誤，反而選擇逃避或說著沒關係來安慰自己。世界上不存在賠了也沒關係的錢。錢也有長耳朵，受到這種待遇的錢有很大概率會消失。當然，那些家財萬貫、財富自由，沒有這筆錢也無所謂的人，以及視幾千萬如幾千塊的人，不在我們的討論範圍內。

我雖然都用鉅款投資股票，但虧損時，我的內心總是有如遭受千刀萬剮。痛苦是很好的警報系統，如果無法感受到疼痛，就會傷得更重。逃避是精神上的止痛藥，但止痛藥的藥效也有極限，總有一天必須面對現實。不管是賺錢還是賠錢，我都會把它換算成勞動所得，我想的不是「虧損了多少」，而是「如果要賺到這筆錢，我得花 3 個月」，思考 3 個月在我人生比例中的價值，然後決定應該怎麼做。對待金錢的價值觀也可以造就出有錢人，如果對錢視若無睹，這筆錢就很可能會真的消失，如果連這筆錢消失了都還在逃避，就會不知道疼痛。我並不是要各位在虧損的時候自我責備，而是想建議各位，至少不要逃避現實。我認為不管是對自己，還是對家人，投資都應該要堂堂正正。幾年前，我用孩子的名義開了帳戶，把錢存了進去，然後向國稅局申請贈與申報之後，我開始幫孩子買股票。我們總不能買沒有前景的股票給孩子吧？如果想著我所投資的股票，我的孩子也會一起投資的話，不管買什麼股票都無法草率進行投資。

有時候我們會因為錯誤的選擇而失敗，但就算失敗，我認為也要輸得帥氣。因為逃避而輸掉比賽，就會離華麗的勝仗越來越遠。我們

必須要承認錯誤，勇敢面對，不再犯下相同的錯。我們要成為一位懂得思考的投資人，思考要如何才能將一場敗仗當成是轉禍為福的機會。我相信這樣的人，一定會迎來好日子，我對此深信不疑。

獲利要寬，停損要嚴

　　每年年底將至的時候，總會出現今年誰獲選為最佳基金經理人的報導，我去看了他們的報酬率有多少，一年也就 10% 左右而已。那麼受到很多人尊敬的華爾街傳奇們的報酬率又是多少呢？他們年均報酬率也不到 20%。把股票投資當成職業，具有大量情報、分析師，而且還有研究中心的華爾街，以及韓國國內的專家，報酬率都大概落在這個水準。如果有人可以持續年均獲利 20% 以上的話，就可以被列為傳說了。

　　我們先來聊一下 YouTube。從特性上來說，YouTube 必須要利用多少有點刺激性的影片預覽圖和內容，才得以獲得點擊率，也才可以從中獲利。吸引了數十萬訂閱者的頻道，會透過播放影片來獲利。每當聽到因為拍這些影片而成為有錢人的故事，我總是會感嘆民間真的有很多高手和厲害的人。另一方面，有時我也會看到用「股票即將暴跌！

暴漲！」這類極端意見來蠱惑觀眾的影片。他們之所以敢預測暴跌或暴漲的原因在於，假如在市場暴漲的時候，準確預測市場暴跌，就可以一舉躍升成為明星。華爾街裡也有很多猜中一次暴跌就竄紅的人。在市場走揚的情況下，以「不是就算了」的態度預測暴跌，就算跟預料的不一樣，市場沒有出現暴跌，也會以「不是就算了」的姿態脫身，但如果股價真的暴跌，就可以一夜成為大明星，真是一筆穩賺不賠的交易。

說回來，如果帶入「七二法則」*，假設被譽為偉大投資人的彼得・林區和華倫・巴菲特的年報酬率落在 20% 左右的話，72 除以 20，也就是說他們要投資 3.6 年本金才會翻倍。

假如最優秀的基金經理人一年可以獲利 10%，每 7.2 年本金才會翻倍。假如有一位每年都可以持續獲利 10% 的基金經理人，所有的大戶都會不分你我地衝向這位基金經理人。但市場並不如想像中簡單，要獲得可持續性的收益真的很難。以我自己來說，投資股票的這 5 年來運氣很好，大舉獲利，但我也不知道以後是不是還能像現在一樣。舉例來說，我不知道自己能不能像被譽為韓國傳奇職業投資人的南錫寬老師一樣，超過 30 年來每年都創下超高報酬率，長時間在市場上生存下來。我很在意透過股票投資所賺進的金額多寡，但並不太計算報酬率。為了寫書，我大略計算了一下，我在自我交易風格成形後，最近 3 年裡每年投資 5 支股票左右，報酬率應該是累積獲利了本金的 500% 左右，這其中我膽粗氣壯，勇敢地（？）使用了信用交易，採取

---

* 係指已投資之金額（本金）加上利息後翻倍所需要的時間。

將槓桿極大化的策略，結果我才得以在短時間內用著不足夠的資本，創造如此鉅額的資產。其實我認為，股票投資 1 個月 20％以上的報酬率，都屬於超額報酬。也就是說，到可以登上華爾街傳奇的 20％報酬率為止，都算是實力。但是超出這個水準的部分，就必須要仰賴當時的市場狀況和運氣。老實說，1 個月能夠獲利 10％就已經是很值得感恩的事，在大盤真的很糟的時期，別說是獲利，只要能守住本金就謝天謝地了。

「獲利要寬，停損要嚴」，我基本上都抱持這種想法，可以說是一種投資哲學。我雖然認為一定程度以上的收益都是多的，但是我會盡可能讓虧損緊縮（Tight）。回過頭看，過去 5 年來我每年投資 5 支股票，一年好像最少會停利 1 到 2 次。除了 2020 年投資 VIX 商品慘賠以外，我沒有在其他股票上虧損超過 5％以上。我會盡可能在 5％以下停損，每當獲利時，則至少會拿到 10 ～ 120％。大部分的投資人在股票獲利上漲的時候，都會持續分批賣出，減少股數，實現獲利。但我用的方法不一樣，我採用的是包括信用融資在內，不分批賣出任何一股低價買進的股票，而是耐心等待再一鼓作氣拋售的策略，我認為這個方法能有效使我大幅獲利。雖然用說的很簡單，但要在市場中途出現動盪、行情飛漲等情況下都還是能繼續堅持，現在回過頭想想，真的是件不簡單的事。此外，歷經等待之後，還要在自己認為是高價附近的位置全數清倉，對我來講也不是件容易的事。

我所採取的交易策略沒辦法適用於每個人。不同的人與不同的狀況下，會依照應對市場的能力不同，而出現不同的結果。我並不是因為自己透過這種策略賺到錢，就要推薦大家使用這個方法。股票的基

本在於買低賣高，帳戶管理的基本在於放大收益，將虧損降到最低。在股票投資裡，也許獲利是一種運氣，真正的實力取決於如何處理虧損。我可以在短時間內如此大量獲利的核心在於，當世界上所有人都買進股票，認為前方一片光明時，我已經反向先思考自己可以在股票裡虧損多少錢，先決定好極限，做好了心理準備。

沒有人投資股票可以不虧損一分一毫。不管是股票、Go-stop*、賭場的遊戲，在輸贏的世界中適用的法則都很相似。

---

* 編註：一種韓國流行的花札（紙牌）遊戲。

補救錯誤，
不要想著一蹴而就

　　前面有提到，投資股票若有大筆資金進出，就必須要當心。在這一節裡，我想聊聊與此有關的故事。投資股票會大賠也會大賺，以我的經驗來說，不管是大賺還是大賠，只要有大錢進出，人就會暈頭轉向。大舉獲利之後，稍有不慎就會過度盲目相信自己的實力，產生想要放手一搏、魯莽嘗試的想法，忘了自己很可能因此瞬間崩潰，降低了警戒心。相反的情況則是虧損超乎自己意料範圍的時候，我們會充滿自責並感到焦躁，接著內心就會充斥著想要一蹴而就、快速回補虧損的想法。我也有過這種經驗，在我周遭的投資人中，我也看過有人為了想要一口氣彌補虧損，結果傾家蕩產。

　　也有很多人，本來過著人人稱羨的日子，結果因為一次的投資失利而破產。為了想彌補大額虧損，就很可能將目光放向飆股，想著「只要在那支股票上花半天的時間吃下一支漲停板，就可以一口氣回補所

有虧損了！」我還看過很多人，因為下單期貨選擇權的反向部位而虧損，為了回補本金，甚至跟別人借錢，結果走向破產。你可能會想「我非常理性，絕對不可能做出這種事！」但是人的本性，在極端的情況下就會赤裸裸顯現，特別是當金錢大進大出的時候，人們隱藏的本性就會展露出來。所以在投資股票時，不論是賺是賠，都要隨時隨地檢查自己內心的想法和心理狀態，假如你認為自己現在已失去了平常心，那麼什麼都不做可能會更好，停下一切、稍事休息也是一種方法。從股票上撤資，雖然沒辦法賺錢，但當然也不會賠錢。耕耘 10 年的股票，只要搞砸 1 次，就可能一敗塗地。當你出現想要賭上手上剩下的錢、一口氣逆轉局勢的想法時，要先想想自己的家人。不論是人生也好、股票也好，都不是轉瞬之間的事，好像有很多人錯學股票，認為股票真的就在彈指之間，這些人就算偶爾運氣不錯賺到錢，最後還是都會全數繳回。我們總不能一起賭上自己和家人的命運，讓一切變成過眼雲煙吧？

　　如果實力堅強，或是運氣超好，突然有一筆大錢進帳的話，在我們認知到這筆錢是屬於自己的錢之前，我們還是需要一點時間，面對突然進帳的錢，我們必須幫它貼上標籤，告訴自己「從現在開始，你就是屬於我的錢了！」如此一來，錢也才會認知到「啊，原來你是我的主人！」突然坐擁一筆鉅款會令人感到不真實。花過錢、管過錢的人，會知道怎麼花、怎麼控管，但是在感到不真實的狀態下，絕對無法好好管理金錢。

　　所以要從現在開始意識到這筆錢是自己的，花時間熟悉。假如各位在短時間內透過股票大幅獲利，真的是一件值得額手稱慶的事。接

著各位從現在開始，有件非做不可的事，就是拿出這筆錢的一部分，為家人準備一套新房子，實在不行的話，至少也要用家人的名義買臺車，就像是以前學生時期，買完文具用品之後，就要拿便簽寫上名字貼在上面一樣，為這樣東西掛上名牌。

　　存在帳戶上的金額，如果因為不應該的貪婪，導致這筆錢煙消雲散，那真的會很空虛。我剛透過股票大幅獲利的時候，心裡也曾隱約浮現，再投資個幾年就可以賺到 100 億，這種充滿自信的慾望。但是我已經實踐了自己投資股票的初衷——為家人買一套房子。當我意識到這些錢很可能消失在虛無之中時，我就打消了自己的貪念，選擇先買一套房子。要透過股票獲利真的很難，但是虧損卻只需要一瞬間，特別是有開槓桿的交易，如果發生虧損，很容易一蹶不振。舉例來說，2021 年 3 月，我看到一篇報導指出，才能出眾的比爾黃（Bill Hwang）在交易 CFD 的同時開了 10 倍槓桿，然而他所投資的中國相關股票崩跌，遭到強制平倉，虧損金額高達數十兆。瑞士信貸與野村證券受到餘波影響，企業股價出現震盪。

　　在股票上若起貪念，則會貪得無厭，貪婪又會再引發貪婪。我們有必要回頭檢視，現在掌控投資大權的是我們自己，還是自己的那一份貪婪。

就算懷疑股票，
也不要懷疑自己

　　我從首爾缽山國小和空港國中畢業後，在就讀禾谷高中一年級的時候，曾經去到美國東部的寄宿學校留學。此前我沒在國外生活過，也不會說英文。上學第一天老師出了功課，我是想寫也不能寫，因為我聽不懂老師口中的英文，壓根就沒記下作業的範圍，所以連作業是什麼都不知道。連離開母親身邊都沒有哭的我，那天坐在書桌前，生平第一次感受到如此茫然和恐懼，因而放聲大哭。

　　我在三星工作 1 年左右，在 3 月的時候提出辭呈，接著開始準備 4 個月後的醫學院入學考試。我必須要讀生物與化學，但商科出身的我從來沒讀過這些，所以既茫然又鬱悶，最後只能什麼都不管，把全部都記下來，把書背得滾瓜爛熟。由於補習費跟生活費短缺，我只能把上班時申請的購房儲蓄解約，拿來貼補生活費。當時在首爾教大站插班補習班附近的一間小讀書室，以月租的方式租了 53 號書桌，每天除

了睡覺和吃飯的時間外都在讀書。生日當天中午，一個人出去吃飯時，想說「生日至少也要吃頓好的吧」，那天我沒再吃平常吃的三明治或飯捲店的小吃，改到教大附近的日式料理店，為了自己慶祝我 20 來歲尾聲的生日，點了份 2 萬韓元的午餐定食，開始狼吞虎嚥。朋友們都發展得這麼好，我卻向一間好端端的公司遞出辭呈，一想到自己現在不知道在幹什麼，頓時哽咽，在餐廳裡丟人現眼地哭了起來。現在回想起來，雖然只是記憶中的一個場景，但當時的我真的非常茫然。儘管如此，我還是一直都相信著自己。至少我不會輕易放棄……不管考試上榜還是落榜都至少要嘗試一次……一場連生物學科畢業的學生，埋首準備 1 年都會落榜的考試，周遭的人聽到我這商科出身的學生，說著要苦讀 4 個月去考，大家都說我瘋了。雖然現實中上榜的可能性極低，但是我未曾懷疑過自己。

股票市場是一個會反覆發生勝負之爭的地方。而且在股市裡，有時候我們也會對自己產生懷疑，「這樣對嗎？」「這條路對嗎？」即便虧損，即使有時需要認賠，就算對股票有所懷疑，也不要懷疑自己。就算恨透了做出這個投資決策的自己，或者內心傷痛欲絕，即便股價下跌必須停損，但只要盡力了就好。不要懷疑自己，如果連自己都不相信自己，這世界上就沒有人會相信自己了。股票靠不住，大不了賣出而已。倘若自己都開始懷疑自己，便可能影響到人生的根基。交易技法不是最重要的。為什麼想投資股票，想透過股票成為什麼樣的人，賺到錢的話想為家人做什麼事，以及自己究竟為什麼要賺錢，最重要的是這些投資哲學與堅強的意志。技法會根據當下的情況改變，但投資哲學與自我信任必須堅定。跌倒，只要重新再來就可以了。

我也曾經虧損過幾億韓元，每當這種時候我就會安慰自己，「你不是從資產負 3 億，投資本金 1,000 萬開始走到現在了嗎？跟那個時候比起來，現在你已經是有錢人了吧。這點小事算什麼，再試就好啦！」人們總是會在股票上探底，但比起股票的底部，我更關心我人生的谷底。如果我的人生現在是谷底，我會不斷警惕自己，明天會比今天更好，而且我已經認真投資了 5 年。即便現在正在走入谷底，也不要失去對自己的信心。即便當下這個瞬間，我感覺自己的人生好似微不足道，但也不要懷疑自己，以及自己眼前的將來。

讓股票跟人生
都順勢而為

　　好像是股票投資的第三年吧？我好像花了 3 年的時間，賺了 15 億韓元。當時我真的感覺自己立刻就要擁有全世界了，但奇怪的是，只要賺超過 20 億韓元我就會跌倒，如果想跨越這個區間，就又會再次摔跤。在我想要賺到 20 億的時候，最糟的情況餘額還曾跌到剩下 8 億元。看著曾經爬到 20 億，卻又賠掉 12 億的帳戶，我埋怨並責備著自己。

「我應該在這裡停下來，放棄投資股票嗎？如果剩下的錢都賠光的話該怎麼辦？」

　　我苦惱了很久。現在回想起來，當我離最初想在首爾買房的目標越近，就越容易著急，「只要再一點、再一點就好了……」，這份著急，逐步毀掉了我的交易。

2020 年夏天過後，我帶著投資恐懼指數 VIX 商品結果慘賠的帳戶，再度重新開始。我分別花了 1 個月左右的時間投資新羅酒店和新世界國際，從中獲利讓我的股票再次回血。2021 年的春天，我投資 FILA，1 個月賺了 3 億，接著又再度花 1 個月投資科隆工業獲利 4 億，乘勝追擊。我的心情就像搭上雲霄飛車一樣，忽下忽上。讓我們來看一下這一切歸功於什麼吧。其實，我只是拋開了「要買房子、要賺錢」的目標與急迫，改變心態，專注在每一支股票上面。如果用高爾夫球比喻的話，在看職業選手比賽的時候，有些選手會在打出博忌或雙博忌之後走下坡，反之，有些選手在打出雙博忌後雖然持續推著無趣的標準桿，但隨著後來打出小鳥球，原本停滯不前的分數便在瞬間轉揚。如果股票陷入低潮，不要過度貪心，哪怕只有短暫的時間，也要從中獲利，消除虧損的氣運，然後等待在勝利的氣運和漲勢來臨時，乘勝追擊。就像選手用標準桿抵抗博忌，接著打出小鳥球，朝著優勝邁進一樣，停損的時候，不管下一筆買賣獲利多寡，都要從中賺取收益，切斷不好的氣勢。

　　最危險的情況，莫過於想要一鼓作氣賺回虧損額的心態。第二危險的情況，則是連續大筆獲利之後，稍有不慎就會因為得意忘形，做出自己承受範圍以外的投資決策。有個詞叫做「無理手」，是圍棋裡指「過度貪心，下出不合棋理的落子」。關於圍棋，我只有小時候在棋院學過 2 個月而已，但是在投資股票的時候，必須要警惕自己不能做出無理手。不管是股票、高爾夫還是圍棋，競技的輸贏只有一線之隔，最終還是必須要懂得引導情勢，朝自己的方向發展。

等待吧，
波濤洶湧的海浪會再度襲來

　　不管是人與人之間的相遇，或是與股票之間的相遇，好似都有所謂的時機，就算自己再怎麼迫切想要，如果時機尚早或時機未到，就無法如願以償。每當有這種經驗的時候，我總是憤恨不滿。不管我再怎麼迫切渴望，不會實現就是不會實現，即便我用盡全力，也不會全盤如願。在說長不長、說短不短的過去5年裡，我好像透過股票獲得不少經驗。我曾經爬上又跌落，哭過也笑過，甚至還會質疑「難道我的極限就到這了嗎？」這種憤怒的情況不只發生過一兩次。但是我並沒有放棄，即使跌倒我也會站起來重新挑戰，幸運女神好像也因此願意對我展開笑顏，因為我所到達的地方，已經超出我原本理想的目標了。

　　是我的懇切創造出這樣的成果嗎？不是的，過度懇切有時也會誤事。我懇切地希望自己可以賺大錢，嘗試投資股票，奇怪的地方在於，我每次都會在臨門一腳時被絆倒。我的懇切要說全韓國無人能敵也不

為過，明明只要再多賺一點就可以了，卻總會在臨門一腳時摔跤。

搬到首爾的月租房後，因為房價漲得太高，其實我已自暴自棄，不奢望自己買房了。我改變了心態，「好吧，那麼就花 2 + 2 年，總共 4 年的時間，先當個租屋族。我們家可以搬到比現在的坪數更大的月租或全租房，這樣就已經很幸福了。」我放棄了買房的目標，「沒錯，現在的房價太高了，不是我的錯，我已經很認真生活了，不管是全租還是月租都無所謂，不要因為想買房子而對自己過度苛刻。」我放下了這個念頭，不再訂定要賺多少錢的具體目標，取而代之的是我專注在每一支股票上。但是，魔法般的事情發生了。

我竟然一點一滴賺回了之前所有的虧損，也打破了所有我先前認為的高牆！其實，我內心已經放下了，所以當時我並沒有什麼想法和目標，也沒打算一定要越過先前無法跨越的高牆。會發生的事情終究會發生，是時機到了所以實現了嗎？現在正在寫書的我，也無法相信在我身上發生的現實。偶爾會有朋友問我，我的目標資產是多少。我的目標並不是要創造 100 億、200 億韓元的資產；我的目標在於未來 20 年、30 年，都要在這個市場上生存下來。此外，我也希望自己可以成為一位更成熟的投資人，對現在的我而言，我還差得遠了。

從小額開始投資的人，看著自己的帳戶，可能會唉聲嘆氣，不知道要猴年馬月才能賺得到錢。我一開始也是這樣，我拿 1,000 萬韓元投資 1 年，創下的報酬率是 -6％的時候，我問自己：「再這樣下去，我什麼時候才可以買房子？這件事有可能實現嗎？」對此感到失望與挫折。但是我確信，不管是透過學習、開發自己的交易法，又或者是聽取其他投資人的建議，股票都是讓各位夢想成真的機會。就像我能在

股市裡堅持下來，把握住機會，達到期望中的成功一樣，各位也一定可以辦得到。

投資股票的過程中，一定會不斷反覆遇到我賣掉股票就暴漲、買進股票就崩跌的時刻。假如你錯失良機，就告訴自己，這機會也許不屬於我，也許現在還不是時候，千萬不要責備自己。股票投資人就好比乘風破浪的衝浪者。衝浪的人會選擇自己要衝的浪，偶爾看到好浪，就起身衝浪；如果現在正在衝的浪並不如自己預期中的好，那就離開那片遼闊的海洋，等待其他的浪濤。只要等待，就一定會迎來好浪。只要海洋存在，浪就不會消失。

股票市場也是如此，只要市場還開著，就永遠都有機會。不要因為虧損就驚慌失措，即便手上的持股套牢賠錢摔了一跤，就當作是繳學費，再重新站起來吧，不過下次千萬不要再犯相同的錯。「這就是最後的機會了」，這種過於迫切的想法，也可能會破壞勝機。「即便這次可能是最後一次，但我也要不留遺憾大戰一場」，這種想法反而會帶來成功。只要一步一腳印，去嘗試每一支股票，各位也一定會有機會。而當機會來臨，運氣有很高的機率也會隨之而來！無論如何，祝福各位投資人都能夠賺大錢。

Swing Trader's Tips

就算大盤表現不佳，反覆走跌與橫盤，但市場上一定存在著上漲的股票。我認為股票對散戶而言就像海浪，波濤洶湧的海浪

襲來時，若稍有不慎就會被捲入其中。但老練的投資人，經歷過無數次的試錯並從中獲得體悟，他們從本能上知道要在什麼時候乘上哪一種浪才可以安全獲利。積累這種經驗，有助於我們在無形之間做出聰明的投資判斷。

是川銀藏

Korekawa Ginzo

失敗的時候，沒有任何人會幫我。
除了自己努力開拓命運以外，
沒有其他的生存之道。
所以我每一分每一秒都卯盡全力，
持續奮戰。

你對股票是真心的嗎？

　　偶爾我會問自己：「你對股票是真心的嗎？」答案很明確——「是！」其實股票市場很冷血，它才不管你是真心與否。我每天開高速公路上下班，偶爾在凌晨塞車時，我都會很驚訝。

韓國人真的很勤奮！

　　激烈的競爭中，就算勤奮地學習和投資，也不是每一次都能取勝，當然有一大部分取決於運氣，而運氣似乎不會降臨到所有人的身上。神會給予我們的人生幾次機會，至於有沒有把握住，完全取決於個人造業，只有準備好的人才能把握。這僅有幾次的機會，隨時都有可能出現在你我身上。回想起來，我要是想崩潰，完全有機會輪到破產，但幸虧我一直躲得很好。我認為自己很幸運，回顧我的人生，一路到

40 歲中旬以來，真的滿是幸運。我一直抱持著「備案有時候也是最佳方案」的想法，也一直都很感謝這場有幸運伴隨的人生。

當然，我並不認為所有閱讀本書的讀者，都可以跟我一樣在 5 年內賺進數十億韓元的鉅款。我想告訴各位的是，即便各位不是全職投資人，只要對股票懷有真心，持續不斷地鑽研與努力，股票市場是一個每個人都有機會，而且有幸運在等著你的地方。

- **房價大幅高於我們的勞動所得是不爭的事實。雖然努力生活著，但就因為連一棟房子也沒有，在人們眼中，我即使無罪卻形同罪人。**
- **當我們的孩子在月租房的壁紙上塗鴉，我大喊著「這裡不是我們家，不可以在上面畫畫」，女兒問我「為什麼這裡不是我們的家」，在她面前我啞口無言。**

我當年簡直恨透了自己的無能為力。雖然悲情，但世界已經改變。小兒科醫師的頭銜已無法對未來有所保證，上班族就算把這輩子的薪水都存起來，也很難買到一間屬於自己的房子，我們就生活在這樣的世界。

即便不是像我一樣大幅獲利，我也想把股票的希望傳遞給在這個時代下，還在持續為家人努力生活著的家長們。我想分享一個透過股

票投資，得以過上比現階段更富足的故事。真心希望我這為時不長的知識與經驗，可以為各位讀者帶來幫助。

波段交易人　成弦祐

國家圖書館出版品預行編目 (CIP) 資料

股市狙擊手的自白：從窮忙醫師到億萬散戶的暴賺暴賠實錄。養成
強韌贏家心態，創造你的交易聖杯！／成弦祐著. -- 初版. -- 新北市：
方舟文化出版：遠足文化事業股份有限公司發行，2023.04
　　面；　　公分. --（致富方舟；6）
ISBN 978-626-7291-19-1（平裝）
　1.CST：股票投資 2. CST：投資技術

563.53　　　　　　　　　　　　　　　　　　112003729

方舟文化官方網站　　　方舟文化讀者回函

致富方舟 0006

股市狙擊手的自白

從窮忙醫師到億萬散戶的暴賺暴賠實錄。養成強韌贏家心態，創造你的交易聖杯！
개미 5 년, 세후 55 억

作者 成弦祐｜**譯者** 蔡佩君｜**封面設計** 萬勝安｜**內頁設計** 黃馨慧｜**主編** 邱昌昊｜**行銷主任** 許文薰｜**總編輯** 林淑雯｜**讀書共和國出版集團 社長** 郭重興｜**發行人** 曾大福｜**業務平台 總經理** 李雪麗　**副總經理** 李復民　**實體暨網路通路組**｜林詩富、郭文弘、賴佩瑜、王文賓、周宥騰、范光杰　**海外通路組**｜張鑫峰、林裴瑤　**特販通路組**｜陳綺瑩、郭文龍　**印務部**｜江域平、黃禮賢、李孟儒｜**出版者** 方舟文化／遠足文化事業股份有限公司｜**發行** 遠足文化事業股份有限公司　231 新北市新店區民權路 108-2 號 9 樓　電話：（02）2218-1417　傳真：（02）8667-1851　劃撥帳號：19504465　戶名：遠足文化事業股份有限公司　客服專線：0800-221-029　E-MAIL：service@bookrep.com.tw｜**網站** www.bookrep.com.tw｜**印製** 東豪印刷事業有限公司　電話：（02）8954-1275｜**法律顧問** 華洋法律事務所　蘇文生律師｜**定價** 400 元｜**初版一刷** 2023 年 4 月｜**初版四刷** 2023 年 5 月

《股市狙擊手的自白》
購書讀者限定特典

感謝您對方舟文化的支持。

為方便您掌握本書重點，抓住飆漲波段，

編輯部整理作者精華觀點，讓您一目了然。

歡迎下載使用。

掃描 QR Code 填寫本書問卷，

即刻掌握股市狙擊手的獲利心法！

https://forms.gle/Wyegd3L2ZGza9vVB7